鬼谷子

(战国)鬼谷子 著　池淑伟 编

吉林出版集团股份有限公司

版权所有　侵权必究

图书在版编目（CIP）数据

鬼谷子 /（战国）鬼谷子著；池淑伟编. -- 长春：吉林出版集团股份有限公司，2019.7
 ISBN 978-7-5581-7210-6

Ⅰ.①鬼… Ⅱ.①鬼…②池… Ⅲ.①纵横家②《鬼谷子》- 译文③《鬼谷子》- 注释 Ⅳ.① B228

中国版本图书馆 CIP 数据核字（2019）第 124668 号

GUIGUZI
鬼谷子

作　　者：	（战国）鬼谷子　著　池淑伟　编
出版策划：	孙　昶
项目统筹：	郝秋月
责任编辑：	王　媛
装帧设计：	韩立强
出　　版：	吉林出版集团股份有限公司
	（长春市福祉大路 5788 号，邮政编码：130118）
发　　行：	吉林出版集团译文图书经营有限公司
	（http://shop34896900.taobao.com）
电　　话：	总编办 0431-81629909　营销部 0431-81629880 / 81629900
印　　刷：	天津海德伟业印务有限公司
开　　本：	880mm×1230mm　　1/32
印　　张：	6
字　　数：	140 千字
版　　次：	2019 年 7 月第 1 版
印　　次：	2019 年 8 月第 2 次印刷
书　　号：	ISBN 978-7-5581-7210-6
定　　价：	38.00 元

印装错误请与承印厂联系　　电话：022-82638777

前　言

鬼谷子，战国时期著名的思想家、谋略家、兵家，是纵横家的鼻祖，姓王名诩。常入云梦山采药修道，因隐居清溪之鬼谷，故自称鬼谷先生。他长于修身养性，精于心理揣摩，深明刚柔之势，通晓捭阖之术，独具通天之智，是最神秘的历史人物。由于他的出现，历史上才有了纵横家的深谋，兵家的锐利，法家的霸道，儒家的刚柔并济，道家的待机而动。他的弟子有兵家孙膑、庞涓，纵横家苏秦、张仪等。

《鬼谷子》一书是其后学者根据其言论整理而成。这部两千多年前的谋略学巨著，历来被人们称为"旷世之奇书"。其思想内容十分丰富，涵盖了多种学科，是一部可以被广泛解读的著作。

《鬼谷子》提出了"捭阖""反应""内揵""飞箝""忤合""揣摩"等谋略的原则和技巧，对纵横家学说的理论构建做出了重要贡献。它提供的智慧与谋略至今仍对现实生活中的方方面面有着指导意义。

《鬼谷子》除了一直被中国乃至世界军事家、政治家和外交家所研究之外，现又成为当代商家的必备之书。它所揭示的智谋权术的各类表现形式，被广泛运用于很多的领域，其思想深深影响今人，享誉海内外。

本书中每篇皆附有注释、译文及事典，用精彩纷呈的故事呈现鬼谷子的智慧。

目　录

捭阖第一 ……………………………………………… 1
反应第二 ……………………………………………… 21
内揵第三 ……………………………………………… 37
抵巇第四 ……………………………………………… 53
飞箝第五 ……………………………………………… 67
忤合第六 ……………………………………………… 79
揣篇第七 ……………………………………………… 91
摩篇第八 ……………………………………………… 103
权篇第九 ……………………………………………… 119
谋篇第十 ……………………………………………… 133
决篇第十一 …………………………………………… 157
符言第十二 …………………………………………… 169

捭阖第一

捭阖，即开合。捭，敞开。阖，合拢。阴阳相生，化成万物乃至众生。纵横驰骋，大开大合，乃天地之道，这是事物变化的普遍规律。"捭阖"这一观念，在鬼谷子的思想体系中占有重要地位，其思想基础与传统阴阳观一致。浩荡胸襟游说各国诸侯，以助其君临天下，这是战国时纵横家的特有风采。

本篇是其后各篇的理论依据。其要旨是说：何时应敞开心扉，直言陈词；何时应冷静观察，沉默不语。人立足于社会，就要遵循捭阖之道，窥察人性卑微，洞悉虚实真伪，进而能够知人、御人。捭阖之道有助于认识事物变化的端倪及规律。

原文

粤若①稽古②,圣人之在天地间也,为众生之先。观阴阳③之开阖以名命物④,知存亡之门户。筹策⑤万类之终始,达人心之理,见变化之朕⑥焉,而守司⑦其门户⑧。故圣人之在天下也,自古至今,其道一也。

注释

①粤若:发语词,无义。②稽古:考察古代历史。稽,考察。陶弘景注:"圣人在天地间,观人设教,必须考古道而为之。首出万物以前人,用先知觉后知,用先觉觉后觉,故为众生先。"③阴阳:古代哲学概念,表示事物间的对立统一。万物皆由阴阳构成,孤阴不生,孤阳不长。凡天地、日月、昼夜,乃至人体脏腑、气血皆分属阴阳二气。④命物:辨别事物。陶弘景注:"阳开以生物,阴阖以成物,生成既着,须立名以命之也。"⑤筹策:谋划,预测。⑥朕:征兆,迹象。陶弘景注:"万类终始人心之理,变化征迹,莫不朗然玄悟,而无幽不测,故能筹策达见焉。"⑦守司:掌控,管理。⑧门户:通道、途径。陶弘景注:"圣人既达物理终始,知存亡之门户,故能守而司之,令其背亡而趣存也。"

译文

纵观古今历史,圣人是天地间芸芸众生的主宰。通过考察阴阳二气的变化来分辨万物,从而知道生死存亡的途径。考察各种事物的始终,洞察人们内心的实情,发现万物变化的征兆,把握避祸求生的关键。所以,从古到今,圣人所遵循的方法、守则始终一致。

原文

变化无穷，各有所归①，或阴或阳，或柔或刚，或开或闭，或弛或张。是故圣人一守司其门户，审察其所先后，度权量能②，校其伎巧短长。

注释

①变化无穷，各有所归：尽管万物变化无穷，但"道"却始终贯穿于其中。陶弘景注："其道虽一，所行不同，故曰变化无穷。然有条而不紊，故曰各有所归。"②度权量能：权衡比较优劣短长。度，量长短。权，称轻重。量，比较优劣。陶弘景注："权，谓权谋，能，谓才能；伎巧，谓百工之役。言圣人之用人，必量度其谋能之优劣，校考其伎巧之长短，然后因材而任之也。"

译文

世间万物是千变万化的，各有特定的归宿。有的表现为阴，有的表现为阳；有的柔弱，有的刚强；有的开放，有的紧闭；有的松弛，有的紧张。所以，圣人能够始终把握事物间的阴阳变化，并以此审查先后，权衡轻重缓急，比较人才的优劣短长，以便任贤使能，君临天下。

原文

夫贤不肖、智愚、勇怯有差①，乃可捭，乃可阖；乃可进，乃可退；乃可贱，乃可贵，无为以牧之②。审定有无与其实虚，

随其嗜欲③以见其志意。微排其所言而捭反之,以求其实,贵得其指④;阖而捭之⑤,以求其利。

注释

①有差:因层次不同而有差别。②无为以牧之:以无为牧之。牧,管控,驾驭。陶弘景注:"言贤不肖、智愚、勇怯,材性不同,各有差品。贤者可捭而同之,不肖者可阖而异之;智之与勇可进而贵之,愚之与怯可退而贱之。贤愚各当其分,股肱各尽其力。但恭己无为牧之而已矣。"③嗜欲:喜好,欲望。陶弘景注:"言任贤之道,必审定其材术之有无,性行之虚实,然后随其嗜欲而任之,以见其志意之真伪也。"④指:通旨,宗旨。这里指真实意图。⑤阖而捭之:先封闭,然后打开。意思是搞清事实,采取行动。陶弘景注:"凡言事者,则微排抑其所言,拨动以反难之,以求其实情。实情既得,又自闭藏而拨动彼,以求其所言之利何如耳。"

译文

人们的禀性是有差别的,有的贤能,有的不肖;有的聪明,有的愚蠢;有的勇敢,有的怯懦。针对不同的人,要用不同的对待方式,可以对人开放,也可以对人封闭;可以引进,也可以辞退;可以轻视,也可以尊重,顺应每个人的特点来管理他们。详查对方的有无虚实,放纵欲望和喜好来任用,判断其真实的志向与意念。略微排斥其言辞,开启之后加以反复揣摩,通过询问来考察其真伪虚实。贵在得到其内心旨意和要害,通过闭合开启,获得自己想要的利益。

原文

或开而示之，或阖而闭之①。开而示之者，同其情也；阖而闭之者，异其诚也。可与不可，审明其计谋，以原其同异②。离合有守，先从其志。即欲捭之贵周，即欲阖之贵密。周密之贵微③，而与道相追④。

注释

①或开而示之，或阖而闭之：或开诚布公，坦然相告；或严加保密，丝毫不露。②原其同异：找到双方的异同之处。陶弘景注："凡臣所言，有可有不可，必明审其计谋以原其同异。"③贵微：贵在微妙隐秘。陶弘景注："计谋虽离合不同，但能有所执守，则先从其志以尽之，以知成败之归也。言拨动之贵其周遍，闭藏之贵其隐密，而此二者，皆须微妙合于道之理，然后为得也。"④与道相追：符合天道自然。

译文

或者把实情向对方公开，或者把秘密隐藏。公开实情，是为了和对方情况一致；秘密隐藏，是为了和对方情况不同。想知道事情可行与否，就要把对方的计谋研究清楚，明白自己和对方的异同之处。不管是离是合，都要等待时机，顺从对方意愿，以观察他的动向。如果要把实情告知对方，务必要谋划周全；如果不把实情告知对方，务必要行事严密。周全、严密要求做到密不透风，不被发现，最好使自己的行动像"道"一样归于无形。

原文

捭之者，料其情①也；阖之者，结其诚也。皆见其权衡轻重，

乃为之度数②,圣人因而为之虑。其不中③权衡度数,圣人因而自为之虑。

注释

①料其情:了解情况的真伪、善恶、利害。陶弘景注:"料谓简择,结谓系束。情有真伪,故须简择;诚或无终,故须系束也。"②度数:对谋略加以揣度,做出规划。陶弘景注:"权衡既陈,轻重自分。然后为之度数,以制其轻重。轻重得所,因而为设谋虑,使之道行也。"③不中:不能达成一致。陶弘景注:"谓轻重不合于斤两,长短不充于度数,便为废物,何所施哉。圣人因是自为谋虑,更求其反也。"

译文

用开启之术,要对对方实情了如指掌;用闭合之术,要和对方结为一心。对待人才,皆能衡量其轻重缓急,弄清对方真实意图想法,并做出切实规划,圣人善于根据实情为对方考虑。假如不能猜中对方的轻重缓急,圣人就要考虑自己的退路了。

原文

故捭者,或捭而出之①,或捭而内之②;阖者,或阖而取之,或阖而去之。捭阖③者,天地之道。捭阖者,以变动阴阳,四时开闭,以化万物④。纵横反出,反覆反忤⑤,必由此矣。

注释

①出之:取而用之。②内之:采纳。③捭阖:即开合。指战国时纵横家的游说之术。纵横家认为"捭阖"是化成天下、四季

运转、奇谋大略之道。捭,放开,即敞开心扉,以积极的姿态容纳各种才智为我所用。阖,闭合,即关闭心扉,包藏一切,以隐忍的态度暗中完成奇功大业。④以化万物:指天地间的万千变化,犹如四季交替。陶弘景注:"阴阳变动,四时开闭,皆捭阖之道也。纵横,废起也。万物,或开以起之,或阖而废之。"⑤反出,反覆反忤:或离,或归,或反。有学者认为此六字应为"纵横反复",下接"必由此矣"四字。陶弘景注:"言捭阖之道,或反之,令出于彼;或反之,覆来于此;或反之于彼,忤之于此。皆从捭阖而生。"

译文

因此,采用开放的做法,要么使对方显露真实意图,或者让对方接受自己的观点。采用封闭的做法,可以获取有价值的东西,也可以避开潜在的威胁。捭阖之道反映了世间万物发展变化的规律。捭阖之道可以使阴阳发生转变,从而使四季循环往复,进而孕育世间万物。由此可知万物纵横变化,无论离开、归复、反抗,都离不开捭阖之道。

原文

捭阖者,道之大化,说之变也①。必豫审其变化,吉凶大命系焉。口者,心之门户也;心者,神之主也。志意、喜欲、思虑、智谋,皆由门户出入,故关之以捭阖,制之以出入②。

注释

①道之大化,说之变也:道与说各有自己的原则。任何事情都因自身变化而走向成功或失败,纵横捭阖,便可促成事物的成

功。大化,即变化;说之变,采取灵活游说的原则。陶弘景注:"言事无开阖,则大道不化,言说无变。故开闭者,所以化大道,变言说。事虽大,莫不成之于变化,故必豫之。"②"志意"句:陶弘景注:"言上八者,若无开闭,事或不节,故关之以捭阖者,所以制其出入。"

译文

捭阖之道是阴阳变化之道的演化,是游说他人随机应变的关键。必须事先考察并弄清这些变化,事情的吉凶和人们的命运密切相关。口,是心意出入的门户。心灵,是精神的居所。意志、欲望、思想和计谋都要通过口这一门户传达出来。所以,口是捭阖之道的关键,要能控制自己的言辞。

原文

捭之者,开也,言也,阳也;阖之者,闭也,默也,阴也。阴阳其和,终始其义①。故言长生、安乐、富贵、尊荣、显名、爱好、财利、得意、喜欲,为阳,曰始。故言死亡、忧患、贫贱、苦辱、弃损、亡利、失意、有害、刑戮、诛罚,为"阴",曰终。诸言②法阳之类者,皆曰始,言善以始其事。诸言法阴之类者,皆曰终,言恶以终其谋。

注释

①阴阳其和,终始其义:指开闭有节,阴阳处理得当。②诸言:指前面的游说之言。

译文

通过"开启"或"闭合"之术可以有效控制他人。"开启"就是开放自己，表现为公开，可以用言词来表述，是阳；"闭合"就是封闭自己，表现为闭合，沉默不语，是阴。阴阳两方相互调和，才能始终符合捭阖之道。所以说长生、安乐、富贵、尊荣、显名、嗜好、财利、得意、情欲等，都表现为"阳"，可称之为"开始"。而死亡、忧患、贫贱、羞辱、毁弃、损伤、失意、有害、刑戮、诛罚等，都表现为"阴"，可称之为"终止"。凡是依照"阳"行事的人，可以称为"开始"，他们以谈论"善"进行游说，促使对方接受自己的建议；凡是遵循"阴"行事的人，都可以称为"终止"，他们以谈论"恶"作为谋略的结果。

原文

捭阖之道，以阴阳试之①。故与阳言者，依崇高②；与阴言者，依卑小。以下求小，以高求大。由此言之，无所不出，无所不入，无所不可。可以说人，可以说家，可以说国，可以说天下。为小无内，为大无外③。益损、去就、倍反④，皆以阴阳御其事。

注释

①捭阖之道，以阴阳试之：或拨动之，或闭合之，以阴阳之道试探，便可获知实情。②与阳言者，依崇高：与情之阳者，便谈论崇高的理想。不然则相反。陶弘景注："谓与阳情言者，依崇高以引之；与阴情言者，依卑小以引之。"③为小无内，为大无外：指纵横之道，能大能小，能屈能伸。陶弘景注："尽阴则无内，尽阳则无外。"④倍反：背叛或复归。陶弘景注："以道相成曰益，以事相贼曰损；义乖曰去，志同曰就；去而遂绝曰倍，去而复来曰反。凡此不出阴阳之情，故曰：皆以阴阳御其事也。"

鬼谷子

译文

所谓捭阖之道,就是从阴阳两面的言辞来试探对方实情。因此,游说磊落光明的人,要依照崇高的原则;游说阴险狡诈的人,要依照卑下的原则。以下求小,用高求大。照这样去言说,则没有什么不能出入,没有什么不可完成。用捭阖之道可以游说于人,可以游说于家,可以游说于诸侯,可以游说于天下。做小事不能只注重内部,做大事不能只注重外部。所有的增益和损害,所有的离开和靠拢,所有的背叛和依附,都可以通过阴阳之道来驾驭。

原文

阳动而行,阴止而藏;阳动而出,阴隐而入。阳还终阴,阴极反阳①。以阳动者,德相生也;以阴静者,形相成也。以阳求阴,苞②以德也;以阴结阳,施以力也。阴阳相求,由捭阖也。此天地阴阳之道,而说人之法也。为万事之先,是谓"圆方"③之门户。

注释

①阳还终阴,阴极反阳:指阴阳相生,事物之间相互转化。②苞:通包,包容,容纳。③圆方:指天地。陶弘景注:"言既体天地、象阴阳,故其法可以说人也。天圆地方,君臣之义也。理尽开闭,然后生万物,故为万事先,君臣之道,因此出入,故曰圆方之门户。"

译文

阳动而行,阴至而藏。阳动而出,阴隐藏入内。阳返归初始为阴,阴到了极点为阳,两者相互转化。凭阳而动,道德就会产生；依阴而止，形体就会产生。从阳的方面去追求阴，要以道德包容对方；从阴的方面去追求阳，就要走出暗处实际去做。阴阳之间相互依赖，就是因为纵横开阖、开启闭合而形成。这是天地万物运行之道，也是游说他人的方法。因此，可以说捭阖之道是万物运行的根本，是解决天地间所有问题的关键。

鬼谷子事典

顺应趋势，获得成功

《鬼谷子》是一部千古奇书，它所阐述的观点，褒扬者可扬于天，贬抑者可抑于渊。悬殊之大，势如水火。《鬼谷子》不失为一部充满谋略和智慧的著作，是传统文化的宝贵遗产，它深厚的文化底蕴，值得被发掘、整理、研究、深思。

鬼谷子认为，捭阖之道的本义是纵横开阖，这也体现了万事万物发展变化的规律。圣人之所以成为圣人，最根本的是"守司其门户"，即善于分析社会现实，进而顺应时代发展的趋势。

夏朝末年，王室不修内政，各国诸侯不来朝贺，阶级矛盾日趋尖锐，民不聊生，危机四伏。夏桀不思进取，骄奢淫逸。据《竹书纪年》记载，他"筑倾宫、饰瑶台、作琼室、立玉门"，到处网罗美女，日夜饮酒作乐。据说还造了个很大的酒池，甚至可以航船，醉而溺死的事时常发生。夏桀为了满足他的奢侈享受，强迫民众无偿劳役，拼命压榨百姓，人们已经是忍无可忍："时日曷丧，予及女偕亡！"

当时，商汤是南方的一个部落领袖，他任伊尹和仲虺为相，以亳州为据点，不断积蓄实力，准备灭夏。经过大小十一战，最终在鸣条打败夏桀。商汤以武力灭夏，打破君王永定的说法，史

称"汤武革命"。汤建立商朝后,伊尹采取了一系列措施,减轻征敛、鼓励生产,从而扩大了统治区域,影响远至黄河上游,不仅诸侯都来归附,氐、羌部落也来纳贡。汤便登上了天子之位,平定了全国。

商汤征伐夏桀建立商朝,是因为夏桀德行败坏,导致朝政腐败,人们恨不得与其同归于尽。而到了商朝末年,在商纣王的残暴统治下,同样是民不聊生。西边的周族兴起,通过周文王的领导,实力足以与商抗衡。然而,文王没有贸然兴兵东进,而是对内施以仁政,对外剪除商朝羽翼,同时扩大势力范围。武王即位后,仍然韬光养晦,耐心等待时机,在忠臣良将的辅佐下,不断提高实力。当商朝统治集团内部的矛盾激化,商纣王肆意妄为,残杀王族重臣,于是武王把握机会,发动军队大举伐纣,经过牧野之战,一役而胜。

商汤伐桀和武王伐纣说明了顺应时势的重要性。所谓"时势"就是历史的趋势,民心的向背。这也是本篇所说,观阴阳之开阖,知存亡之门户。只有冷静分析并顺应时代发展的趋势,最大程度争取民心,才能立足稳健,把握时机,获得成功。

注重细节,随机应变

战国时代,周朝王室势力弱小,各国诸侯相互争霸。这就出现了独树一帜的纵横家,他们以周游列国游说君主为己任。《鬼谷子》一书的两大特点,一是以政治谋略为思考重心;二是有着独特的思辨风格。《捭阖》篇的要旨,在于收敛时要自守门户,韬光养晦,渡过难关,从而占据先机,一役而胜。若处理不好,反会门户大开,一败涂地。在历史进程中,凡能建功立业者,无不深谙此道。

捭阖第一

人们常说"细节决定成败",自然是经验之谈。只有注重细节,才能确保周详缜密,如此方可攻守兼备。所以,古往今来的胜者,不仅有开创大局的雄伟气魄,也有处理细节的缜密心思。意气风发的楚霸王自诩"力拔山兮气盖世",却不能成为最后的胜者,正是因为他不懂"欲捭之贵周,欲阖之贵密"的道理。能成就大事,既要胆大也要心细,两者互补缺一不可。

明成祖朱棣能够登上皇位,是因为他善于审时度势,韬光养晦。他性格坚忍,行事周密,靠装疯赢得了时间,最终打败了建文帝,获取天下。

建文帝是太祖朱元璋的嫡长子次孙,其父是皇太子朱标。朱元璋死后,建文帝按照遗诏继位,成为大明王朝的第二位皇帝。他从小受儒家教育,温文尔雅,书卷气很浓。当时,由于各地藩王势力太大,威胁君权,建文帝决意削藩,燕王朱棣是重要目标。

朱棣是朱元璋四子,他带兵驻守北平一带,势力强大。建文帝削藩时,他的准备尚不充分。当他看到几个藩王先后被削,朱棣明白如此下去无法逃过此劫,遂一边争取时间一边积极备战。为了麻痹建文帝,朱棣先假装得病,大热天坐在炉边烤火,不停叫冷。由于属下被朝廷处死,于是他装疯。王府长史葛诚密奏朝廷"燕王装病"。朱棣临机应变,立即逮捕前来监视的官员,以"清君侧"之名举兵南下,发动"靖难之役",实是起兵反叛。经过近四年的拉锯战,朱棣决定越过山东防线,直接攻占应天府,如愿登上皇位。

"观阴阳之开阖以命物",有利就采取行动,不利就严密防守,在消极中持续抵抗。捭阖之术用于政治斗争,可使矛盾双反相互转化。在变化莫测的政治风云中,时时捕捉契机,趁虚而

入。弱者通过严密自守,甚至装疯卖傻,能使强者放松警惕,时机成熟就能以弱胜强,一举成功,获取利益。

变则通,通则久

"捭阖者,天地之道。"鬼谷子认为,纵横开阖,阴阳变化,可以说是天地万物发展的规律。同时,它也是事物发展的原动力,决定了四时更替、日月运转。世间所有的除旧布新,可以说都是通过捭阖之道来实现的。变则通,通则久。圣人通达人心情理,窥见变化征兆,以此驾驭天下。

在一定情况下,变通是智者的谋略。它能打开闭塞的通道,挖掘丰富的矿藏。善于变通,敢于创新,才能摆脱惯性思维的束缚,不拘于传统的思维定式。对工作的细致划分上,懂得进退取舍,统筹兼顾。

谋略是至关重要的。大到国家治理,小到人际交往,无不与之相关。从唯物主义哲学来看,变化是绝对的,不变是相对的。世间万物无一不是处在变化之中,捭阖之道的精神就在于灵活变通。能够成就大业的人,大多深明变通之道。只有不拘传统,善于变通,敢于创新,才能使事物得到发展。因循守旧、不肯变通,片面凭着经验去办事,往往事倍而功半,费力不讨好,甚至最终失败。

商朝建立时,国都在亳,即今河南商丘。盘庚是商朝的第二十代王,他继位时社会动荡不安,王族内部一片混乱。为了躲避天灾人祸,挽救政治危机,盘庚决定迁都于殷,即今河南安阳小屯村。迁都是商朝中期的大事,大多数贵族因循守旧反对迁都,甚至煽动平民闹事。在困难面前,盘庚没有动摇,最终冲破了反对势力的阻挠,带着平民和奴隶渡过黄河,迁都到殷。在那里,盘庚整顿朝政，发展经济，人民生活殷实起来。从此，商族部落不再迁徙。

通过迁都，商朝避开了水患和宗室内斗的乱局，甩掉了历史包袱，稳定了中央统治。之后，经过武丁时代的繁荣发展，到了中后期，社会经济和文化有了持续发展，生产技术、制作工艺有了提升，衰落的商朝出现了复兴局面，所以商朝又称殷商，或者殷朝。

世上没有什么是一成不变的，盘庚迁殷是商朝历史上的一次重大变革，通过这次变革，商朝从衰落走向复兴。可见，在社会发展的过程中，变革是不可避免的，也是非常必要的。

战国时，赵武灵王勇于学习胡人先进的东西，为己所用，成就了独霸一方的大业。当时，中原军队一般使用兵车，人们不习惯于骑马，在善于骑射的游牧民族骑兵面前，车战不够灵活机动，往往处于被动的局面，这是其明显缺陷。

赵武灵王为了北御匈奴、南防秦国，实行"胡服骑射"的改革，以增强军事实力。穿了胡服，行动方便很多。接着，赵武灵王又令大家学习骑射。不到一年，赵国就训练了一支强大的骑兵队伍。实行胡服骑射的第七年，赵国收服了中山、林胡、楼烦等北方游牧民族，向北开辟了上千里的疆域，成为"战国七雄"之一。

隐藏实力，蓄势待发

鬼谷子所处的战国时代，各国诸侯纷纷争霸。因此，《鬼谷子》一书，可谓篇篇讲究政治谋略，而这些谋略又不完全建立在忠、信、仁、义之道的基础之上。作为一个国家的统治者，势必要有一定的决策能力，根据不同的形势采取不同的策略。

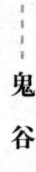

鬼谷子

环境有利,便使用"捭"的战略,大开大合,积极主动进攻,以取得胜利;形势不利,便采取"阖"的方式,隐藏自己,积蓄力量,蓄势待发。

在困难和险境面前,当忍则忍,当进则进,这是捭阖术的要旨所在。当力不如人时,唯有坚忍和退让,万不可逞一时之勇。必要的忍让是为了妥善准备,从而有效打击对手。

三国时,司马懿辅佐魏王曹芳。宗室曹爽咄咄逼人,司马懿采取"阖"的策略,以退为守,藏形隐迹,收敛锋芒,一退再退,把大权拱手让给曹爽;并以年老病弱为由,不问政事,使曹爽对司马懿毫无防备。

嘉平元年正月,魏帝曹芳率宗室及文武大臣,到城外祭扫魏明帝陵墓。司马懿认为时机已到,便立即采取了"捭"的策略。乘曹爽势力倾巢出动之机,将周密策划积聚起来,发动了政变。率部众以迅雷不及掩耳之势,占领了城门、兵库等战略要地和重要场所,并上奏永宁太后,免除曹爽大将军的职务,夺取了兵权。

从此,司马懿威震朝野,掌握了军政大权。司马懿的成功,正是在于利用了捭阖术,形势不利的时候隐藏实力,使对手放松警惕。一旦时机来临,便如猛虎下山迅速出击,一举打败对手。在对方全然没有准备时,打个猝不及防,速战速决,绝不拖泥带水。

善于忍耐,待时而动

凡成大事者必能坚忍,能屈能伸,能进能退,不达目的不罢休,这是强者的心态。形势不利的时候隐藏自己,形势有利的时候迅速出击。只有看得远、看得透,才能提高决策能力。善于忍耐，待时而动正是"捭阖术"的妙用。

隋朝末年，社会动荡不安，各地农民纷纷起义，北方的突厥族逐渐强大起来，趁势南下抢掠。李渊镇守太原，奉命剿贼。突厥数万骑兵攻打太原，李渊出兵迎战，几乎全军覆没。经过深思熟虑，李渊决意西进关中。只有想办法稳住突厥，才能保障太原，为西进打下基础。因此，李渊向突厥称臣，提出了和亲的建议，并献上了大量美女、珠宝。他与突厥可汗书信来往自持臣下身份，甚至对突厥使者也纳头礼拜。于是，双方停战修好，这为李渊西进长安提供了时机。突厥可汗为李渊提供了大量骑兵、粮草，使李渊的实力强大了起来，逐步夺下了不少地盘。

后来，隋朝在农民起义的打击下，走向灭亡。有人劝李渊结束与突厥的屈辱之盟，李渊没有答应。他认为自己的实力虽然有所提高，但还不足以统一全国，和突厥决裂为时过早，于是依然和突厥交好，一直保障北方的安宁。后来，李渊建立了唐朝，唐朝的国力不断强大，到了李世民为帝的时候，派遣李靖带兵远赴西北大漠。这时，东突厥国内发生变乱，经过几次战役，李靖终于生擒了突厥颉利可汗，不仅解除了唐朝西北边境的祸患，也洗刷了当年的耻辱。

古代纵横术，作为智谋权术的范本，蕴含有丰富的政治智慧以及睿智的谋略方法。唐高祖李渊不计一时名利，最终成就了帝业。这说明能屈能伸、能进能退、坚忍以待，正是捭阖术的一种谋略和手段。

忍耐，是成长的必要品质。任何一个人，如果连一点忍耐都没有，那必然很难有所成就。那些成功人士之所以能有常人不及的成就和收获，就是因为他们能忍耐。

成功是需要一点一滴不断努力得来的。例如，房屋是由一砖

一瓦堆砌成的。有一种戒烟的方法并不是要求人们下决心永远不抽，只是要他们决心不在下一个小时抽烟而已。当这个小时结束时，只需把他们的决心改在下一小时就行了。当抽烟的欲望渐渐减轻时，时间就延长到两小时，甚至延长到一天，最后终于完全戒掉。那些一下子就想戒掉的人一定会失败，因为心理上很难拒绝。想要实现任何目标必须按部就班做下去。

有时某些人看似一夜成名，但是如果你仔细了解他们的过去，就知道他们的成功并不是偶然得来的，他们早已投入无数心血，打好坚实的基础了。那些大起大落的人物，声名来得快，去得也快。他们的成功往往只是昙花一现而已，他们并没有深厚的根基与雄厚的实力。

言辞讲究，说话得体

《捭阖》篇指出："口者，心之门户也；心者，神之主也。志意、喜欲、思虑、智谋，皆由门户出入。"意思是说，口是心意出入的门户，心则是精神的居所。个体的意志、情欲、思想和智谋都要通过口出入。由此可见，言谈要掌握好分寸，才算有智慧。

西汉时的灌夫以勇猛为名，他在失去权位后闲居在家。灌夫为人尚游侠，性格急躁，做事鲁莽。一次，丞相田蚡举办婚宴，大臣都去贺喜。灌夫向田蚡敬酒，田蚡不喝。灌夫向灌贤敬酒，灌贤正跟将军程不识说话。灌夫便大骂道："我看程不识一钱不值，你居然咬着他的耳朵说话！"田蚡见灌夫骂人，于是说："你当众侮辱程将军，怎么不给别人留点余地呢？"灌夫说："今天杀我的头，穿我的胸，我都不在乎，还顾什么程将军！"田蚡便下令扣留灌夫。有人劝灌夫赔礼道歉，他不但不肯，反而破口大骂。不久，灌夫被罗织罪名处死。因为醉酒而惹来闲气，只图一时之快，却遭遇杀身之祸，实在可悲。

  日常生活中，不善言辞、过于直率的人往往被动而孤立，缺乏朋友相助。有时候，实话实说并没有错，但要考虑时间、地点及对方的感受。如果说话太冲太直，言辞过于生硬或激烈，就会伤害对方，招致误解和怨恨。因此，指出对方错误，也要反省自身，如果不讲究方式而引起不满，就要调整自我，克服过于直率的毛病。如果找到恰当的机会，婉转说出自己的想法，也许更会得到对方的理解，有利于解决问题。语言是重要的沟通工具，说话方式不同，给人的感受也会不同，沟通效果和回报也会不同。

  一般来说人们喜欢听好话，不妨为对方想想，不要只管自己说得痛快。言辞要讲究技巧，注意细节，说话得体，由此才会赢得好人缘。好的人际关系，会使人内心轻松和愉悦，有助于事业的成功。鬼谷子认为，说话办事要因人而异，对待事物的态度各有不同，只有深刻了解对方，才能"得其指"，更好实现"求其利"的目标。测得风向好使舵，与人谈话先揣摩对方的心意，然后投其所好。拥有了共同的话题，获得了对方信任，再适时提出要求，就容易实现目标。

反应第二

与人交往或辩论时，先听听对方说什么，然后再做取舍，不要轻易亮出底牌。给自己留足思考的空间，才不会被抓住疏漏之处。抓住了对方的把柄，则可以攻其一点，不及其余，使对方节节退让，最终为我所用。通过言谈来控制对方，把握对方，这便是鬼谷子的钓言之道。

《反应》篇阐释了一种思考方法，这可以说关于获取有用信息的专论。鬼谷子认为，在辩论或游说时，要"重之、袭之、反之、复之"，运用"象比之辞"，或用象征性的事物加以说明，或引用相关事件启发他人。这种道理其实就是对游说对象进行回环往复的考察和观察，由此接近事实真相，达到目的。假如游说不能奏效，就要"为之变"，才能把握对方的真实意图。

有了相当的阅历和经验，可以度权量能，通过对比从而立势制事。运用反应的前提是了解自己，认清自己，否则就不能游说他人。

鬼谷子

原文

古之大化者①,乃与无形②俱生。反以观往,覆以验来;反以知古,覆以知今;反以知彼,覆以知己。动静虚实之理,不合于今③,反古而求之。事有反而得覆④者,圣人之意也,不可不察。

注释

①大化者:指广泛深远的教化。化,教化。②无形:没有形迹。这里指道。陶弘景注:"大化者,谓古之圣人以大道化物也。无形者,道也。动必由道,故曰无形俱生也。"③于今:将来和现在。④反而得覆:调查过去,寻求真理。主张观往验来,是古代哲学常见的命题。如《道德经》:"反者,道之动也。"回顾过去,验证将来;考察历史,把握现在;了解对方,返照自己。这样就能举无遗策,一举成功。陶弘景注:"言大化圣人,稽众舍己,举事重慎,反覆详验。欲以知来,先以观往;欲以知今,先以考古;欲以知彼,先度于己。故能举无遗策,动必成功。"

译文

古代化育万物的圣人,与道同生共长。因此,他们回首以往,便能验证将来;考察历史,就会了解现在;观察对方,可以了解自己。对于动静虚实的真相,如果和当今的情况不符,就要回到过去探求前人的经验。对事情的考察,经历由此及彼、由彼及此、由古到今、由今到古的反复探求,才能得到答案,这是圣人的思维方式,不可不仔细考察。

反应第二

原文

人言者①，动也；己默者，静也。因其言，听其辞。言有不合者，反而求之，其应必出。言有象②，事有比③。其有象比，以观其次。象者象其事，比者比其辞也。以无形求有声。其钓语④合事，得人实也。其犹张置网而取兽也，多张其会⑤而司之。道合其事，彼自出之，此钓人之网也。

注释

①人言者：对方发言。陶弘景注："以静观动，则所见审；因言听辞，则所得明。"②象：凡形于外者皆曰象。③比：比照类推。④钓语：犹如钓鱼投饵，诱而取之。交谈时给对方以诱饵，以引出对方话题。这里的"钓言"术，是鬼谷子谋略之一。陶弘景注："理在玄微，故无形也。无言则不彰，故以无形求有声，声即言也，比谓比类也。得鱼在于投饵，得语在于发端；发端则语应，投饵则鱼来。故曰钓语，语则事合；故曰合事；明试在于敷言，故曰得人实也。"⑤会：聚集。陶弘景注："张网而司之，彼兽自得，道合其事，彼理自出，言理既彰，圣贤斯辨，虽欲自隐，其道无由，故曰钓人之网也。"

译文

对方说话，表现为动；自己沉默，表现为静。根据对方说的话，听出对方言辞中透露的真实想法。如果对方言语有不合情理处，随即加以责问，对方一定会做出回应。话语可以表现在外，称之为象；事物之间可以类比，称之为比。通过"象"和"比"的手法来观察其后要说的话。所谓象，就是模仿事物。所谓比，

就是以同类的言辞来做类比。运用象比手法可以在无形中获得对方回应。用象比之词引诱对方说话，如果和现实相符，可以获知对方实情。就像张网捕兽一样，在野兽出没处多设一些网，等待野兽落网。针对对方使用的方法只要合事理，对方就会自动说出实情，这就是钓人实情的网。

原文

常持其网驱之，其不言无比，乃为之变①。以象动之，以报其心，见其情，随而牧之。已反往，彼覆来，言有象比，因而定基。重之袭之，反之覆之②，万事不失其辞。圣人所诱愚智，事皆不疑。

注释

①"常持"句：常常要持钓人之网去驱使对方，使其为我所用。若对方有所觉察便会加以防备不再说话，以致无法获取实情，这时要改变策略，变换说法。驱，驱使。②重之袭之，反之覆之：指谋划再三，没有疏漏，才能万无一失。陶弘景注："已反往以求彼，彼必覆来而就职，则奇策必申，故言有象比，则口无择言，故可以定邦家之基也。谓象比之言，既可以定基。然后重之袭之、反之覆之，皆谓再三详审，不容谬妄。故能万事允惬，无复失其辞者也。"

译文

如果常用钓人之网去诱使对方，对方就会有所觉察，而拒绝回应或者言辞中没有用来做推理、类比的信息，这时就要改变方法。用形象化的手法触动对方，使言辞暗合对方内心的想法，以此获知对方实情，进而将其控制。返过去考察对方，对方就会做出回应，所说的话有了轮廓，事理就可以比较类推了，进而能够确定其根本。一来二去，反反复复，再三详审，不容谬错，灵活使用这种方法，就能辩说得当。圣人用不同的方法，诱导愚者和智者，所获皆为实情，不会有疑惑。

原文

故善反听者，乃变鬼神①以得其情②。其变当也，而牧之审也。牧之不审，得情不明；得情不明，定基不审。变象比，必有反辞，以还听之。欲闻其声反默，欲张反敛，欲高反下，欲取反与③。欲开情④者，象而比之，以牧其辞。同声相呼，实理同归。

注释

①鬼神：鬼，隐秘难测。神，事理玄妙。②以得其情：善于听言的人能洞见幽微，把握事物本质。③"欲闻"句：意思是说钓言之道要运用策略，想听对方发言先保持静默，想要对方敞开心扉，自己先收敛内心，想高大反而卑下，想夺取先给予。这与老子思想有相通之处。陶弘景注："此言反听之道，有以诱致之，故欲闻彼声，我反静默；欲彼开张，我反睑敛；欲彼高大，我反卑下；欲彼收取，我反施与。如此则物情可致，无能自隐也。"④开情：诱导对方敞开心扉。陶弘景注："欲开彼情，先设象比而动之。彼情既动，将欲生辞；徐徐牧养，令其自言，譬犹鹤鸣于阴，声同必应，故能以实理相归也。"

译文

古代善于反复窥察对方的人，可以像鬼神一样变化莫测，进

而得知实情。应变之术恰当,就能详尽考察对方。如果考察不详尽,就不能获知实情;不能获知实情,就不能确定根本。不断变化使用象比之词,对方必定说出反应之词,认真聆听对方言辞以获知实情。想要对方开口说话,自己先沉默不语;想要对方张开,就先自己收敛;想要提高自己,就先低调处世;想要获取利益,就先学会付出。想使对方敞开心扉,就要运用形象和类比的方法,以便控制其言辞。声音相同就会彼此呼应,双方看法一致就会心理契合,进而获知对方实情。

原文

或因此,或因彼,或以事上①,或以牧下②。此听真伪、知同异,得其情诈也。动作言默,与此出入,喜怒由此以见其式。皆以先定为之法则。以反求覆,观其所托③,故用此者。己欲平静以听其辞,察其事,论万物,别雄雌④。虽非其事,见微知类。若探人而居其内,量其能射其意⑤,符应⑥不失,如螣蛇⑦之所指,若羿⑧之引矢。

注释

①事上:侍奉上级。②牧下:管理下属。③托:依托。陶弘景注:"反于彼者,所以求覆于此,因以观彼情之所托,此谓信也。知人在于见情,故言用此也。"④"己欲"句:只有使自我内心虚静,才能去客观考察对方;只有逐步深入,才能全面掌握对方。陶弘景注:"谓听言之道,先自平静,既得其辞,然后察其事,或论序万物,或分别雄雌也。"⑤射其意:准确猜中对方意图。⑥符应:古代的迷信说法,指天降祥瑞与人事相合,称为符应。⑦螣蛇:传说中一种能飞的蛇。《荀子·劝学》:"螣蛇,

无足而飞。"⑧羿：传说中的神箭手后羿。陶弘景注："闻其言，则可知其情，故若探人而居其内，则情原必尽，故量能射意，万无一失，若合符契，螣蛇所指，祸福不差，羿之引矢，命处辄中，听言察情，不异于此，故以相况也。"

译文

反听之法，可以用在这个地方，也可以用在那个地方；可以侍奉上级，也可以管理下属。通过这种方法，分清真假，知道异同，考察对方是真诚还是狡诈。对方的外在的身体行为或内心的喜怒哀乐，都与反听之法相合拍。所有这些都要事先确定法则。用反复探求的方法得到对方的反应。所以，听言之道的要旨，在于先使自己保持平静。自己平静了，然后才能通过对方言辞，考察对方情况，进而评论万物，分别雄雌。虽然不是同一事物，但可以根据细微的征兆探索出其类别、特征和趋势。考察对方就要深入人心，估量其能力，猜测其意图。这种方法像螣蛇所指祸福不差，像后羿张弓一样射之必中。

原文

故知之始己，自知而后知人①也。其相知也，若比目之鱼②；其见形也，若光之与影。其察言也不失，若磁石之取针，如舌之取燔骨③。其与人也微④，其见情也疾。如阴与阳，如圆与方⑤。未见形，圆以道之；既见形，方以事之。进退左右，以是司之⑥。己不先定，牧人不正。事用不巧，是谓忘情失道。己审先定以牧人，策而无形容⑦，莫见其门，是谓天神。

注释

①知之始己，自知而后知人：先了解自己，才能知道对方。

《道德经》:"知人者智,自知者明。"②比目之鱼:一种鱼类,眼睛生于身体一侧,经常两鱼并游。陶弘景注:"我能知彼,彼须我知,必两得之,然后圣贤道合,故若比目之鱼。圣贤合则理自彰,犹光生而影见也。"③燔骨:炙肉中的骨头。④微:幽深精妙。⑤如阴与阳,如圆与方:这是中国传统的哲学思维,认为万物皆对立而生,强调事物内部对立面的相互依存,不可分割。圆,指圆通、灵活。方,与圆相反。陶弘景注:"君臣之道,取类股肱,比之一体,其来尚矣。故其相成也,如阴与阳;其相形也,犹圆与方。"⑥进退左右,以是司之:这里是说用人之道,或升或黜,或贬或崇,皆根据圆方之道。⑦形容:形体和容貌。陶弘景注:"己能审定,以之牧人。至德潜畅,玄风远扇,非形非容,无门无户。见形而不及道,日用而不知,故谓之天神也。"

译文

所以,知人必先知己,不了解自己,也无从了解对方。人们之间的相知,像比目鱼一样形影相随。对方一现形,就像光一样显露出来,己方就像影子一样,立即捕捉到对方的实情。己方侦察对方的言辞,绝无失误,像磁石吸引钢针,像舌头吮食肉骨。

己方给予对方的少,而得到对方的实情却是又多又快。无论用于"阴"或"阳"的情况,"圆"或"方"的事物,都可得心应手。在对方形迹未显前,用圆滑的方法诱导其说出实情;在对方形迹已显后,对其已有充分了解,不妨用已定的原则对待他。

作为君主而言,无论提升还是罢黜属下,也要贯穿这一原则。假如事先没有原则,不能确定方法,就无法驾驭对方。做事不先准备,就是忽略了得情的规律。先确定原则和方法,再去管理对方,所用策略就不会被发现,对方看不到有关策略的蛛丝马迹,这样的统治者或管理者可称之为"天神"。

鬼谷子事典

旁敲侧击,察言观色

鬼谷子认为,与人交谈的最终目的,就是旁敲侧击,促使对方多说话,通过察言观色,从而窥测对方实情。就像张网捕猎,若能沉心静气严阵以待,就能捕获猎物。

《反应》篇曰:"其钓语合事,得人实也。其犹张置网而取兽也,多张其会而司之。道合其事,彼自出之,此钓人之网也。"得鱼在于投饵,得语在于发问;投饵则鱼来,发问则语应,故为"钓语"。鬼谷子认为,犹如设饵钓鱼、张网捕兽,想了解对方的情况,就要使用手段或动之以情,诱其暴露真实想法和需求,从而达到自己的目的。

鬼谷子的"钓人之网",可以理解为一种沟通方法,从中获取想要的信息。有人认为"用间"是卑劣、阴险的行为。然而,随着社会的发展,这种观念也得到改变。"用间"并不是单一破坏敌手,而是谋略思想的重要内容,可以察看敌情,知己知彼。可以分化对手,在对抗中获取胜利。

当今世界,信息已成为一种重要资源。谁先掌握了信息,谁就能把握时机抢占市场。寻找对方弱点,发挥己方优势,进而击败对手。参与市场竞争必须耳目灵通,作为经营决策者而言,需要通过各种渠道获取情报。企业获取情报及时,就能提高竞争

鬼谷子

力,有利于调整产业结构和经营策略。高明的企业家,深悉"用间"是"张网得实"的重要手段,在"用间"与"用人"的结合上深谋远虑,敢于打破常规,大胆实践。

抓住机会,有效提问

俗话说"听锣听声,听话听音",这个"音"不是指口音,指的是弦外之音,意思是说听别人说话,要明白其言外之意。当然,对于那些空话、大话,即使说得天花乱坠,也要保持理智,绝不可轻信。在谈话时要抓住机会提问,可以深入了解对方实情。轮到自己说话,则要简洁有力。

战国时,齐国田婴为了发展家族势力,准备在他的封地建城池,这样做就远离了齐国朝廷,不利于国家利益,也不利于个人发展。因此,他手下的门客纷纷劝阻。田婴于是下令:"凡来劝阻者,一律不要通报。"这时,有一个人冒险前来,让下人通报:"我只有三个字,多一个字,愿受烹煮之刑。"这引起了田婴的好奇心,于是接见了他。拜见完毕,那人说:"海大鱼!"然后掉头就走。田婴忙说:"且留下,把话说完!"那人说:"我可不敢拿性命当儿戏!"田婴说:"不碍事,请讲。"

那人说:"你没听说过海里的大鱼吗?大鱼一旦离开了大海,蝼蚁也能随意摆布它。如果永远拥有齐国,要薛地有什么用呢?如果失去了齐国,即使将薛地的城墙筑得跟天一样高,也没什么用。"田婴听了,称赞说:"对。"于是停止了在薛地筑城的工程。

那个齐人为了引起田婴的好奇心,让他倾听自己的言论,用充满悬念的言语诱惑他,用"海大鱼"这样一个形象的比喻,表达了"龙游浅滩遭虾戏"的意思,使田婴意识到自己思虑不周,犯了错误。

现实生活中，有人说话很直接，有人说话很委婉。虽然无所谓对错，但有时太直接的话，会让人觉得很没面子。为了起到好的效果，就要使用一些隐语。不过，使用这种方式，一定要确保对方能够听明白，否则就是白费心思。

看一个人是善是恶，要看眼神；看一个人是智是愚，要观言行。在与人的交谈中，适当运用比喻，或加上一段长长的议论，就会把握谈话的主动权。出色的语言表达，可以使人内心感动；善于说话的人，会获得更多机会。当对方形迹未显，或不太了解时，不妨采取圆通的方式，使其渐渐失去戒心，脱去外壳。有了充分了解，再用既定的原则来对待。这是鬼谷子在《反应》篇中所讲的谋略思想。

以诚相待，攻心为上

说话要声情并茂，善于借助谈话技巧，引起对方的共鸣，由此了解对方的实情，以决定下一步行动。这是游说的最高境界。达到这种境界，就能顺利完成任务，取得不战而屈人之兵的效果。

东汉顺帝时，外戚梁冀专权，长达二十多年，政治黑暗，民生艰难。梁冀是历史上十大奸臣之一。因质帝称梁冀为"跋扈将军"，次年即被他毒杀，另立桓帝即位。他独揽东汉王朝大权，结党营私，大封梁氏一门为侯为官。

这时，广陵人张婴不堪暴政，在当地聚众起义，抗击官府，纵横徐扬一带几十年。朝廷屡剿无功，深感头疼。朝中有一位御史，名叫张纲，廉洁刚正，得罪不少权贵。于是梁冀上奏汉顺帝，任张纲为广陵太守，让他平息暴动，企图借刀杀人。

鬼谷子

张纲来到广陵，独自一人去了张婴大营。张婴十分惊讶，便问："太守大人屈尊来到贼营，不知有何见教？"张纲站起身，施礼说："将军何出此言？下官办事不周，不恤民情，以致陷民于水火之中。俗话说'官逼民反'，将军清廉自律，行侠仗义之举，实令下官敬佩不已。"听到这番话，张婴很意外，连忙起来赔罪，说："太守早来十年，我张婴何至于此？我是草莽之人，不知礼仪，无法结交朝廷，我也自知是釜底游鱼，苟延残喘而已，哪能活得长久？今天大人到此，请为我指点迷津！"于是，张纲通过安抚的办法，不动一兵一卒，反复协商妥善处置，终于平息了广陵暴乱。

《孙子兵法》云："不战而屈人之兵，善之善者也。"张纲首先承认朝廷的失职，将责任揽到自己身上，然后称赞张婴为民赴险，打动了张婴，攻破了其心理防线。这正是"攻心为上"的原则。张纲在任期间，深受当地百姓爱戴。张纲死后，张婴等五百余人披麻戴孝，扶柩至四川武阳，安葬完毕才挥泪而去。

规谏失足之人要采用适当的话语，使之产生共鸣，进而达到说服的效果。对于那些看似冥顽不化的人，也要以诚相待，尽力去感化。若能将心比心，就会多一些宽容和谅解，少一些纠纷和矛盾。懂得这个道理并付诸行动，世间的纷争就会少一点，世界也会变得更美好。

知人者智，自知者明

《孙子兵法》云："知己知彼，百战不殆。"《反应》篇所称"知之始己，自知而后知人"，也有"知己知彼"的意思。鬼谷子所强调的是，通过对自身的深刻反省，进而了解别人，把自知作为知人的前提，这可以说是很有见地的。

战国时，秦昭襄王派大将白起率兵进攻韩国，占领了野王，断了上党郡和韩国都城的联系。上党形势危急，韩国不愿投降，派使者带着地图把上党献给了赵国。

赵孝成王派军接收了上党。两年后，秦国派王龁再次进攻上党。赵国派廉颇率军前去救援。等到了长平，得知上党已被秦军攻占，王龁正要向长平进攻。廉颇于是坚守长平，修筑堡垒，深挖壕沟，跟秦军对峙以作长期打算。

王龁多次向赵军挑战，廉颇就是不交战。王龁无奈，怕长期消耗粮草不足。秦国相国范雎派人行使离间计，到赵国都城邯郸散发言论："秦国就是怕赵括带兵，廉颇不中用，眼看快投降啦！"

赵括是名将赵奢之子。他从小学习兵法，自以为天下无敌。赵王听了秦国奸细散发的言论，于是拜赵括为大将，去长平替代廉颇。蔺相如劝说："赵括只懂读他父亲的兵书，用套路，临场应变能力不行，不是将才。"赵王不听。

于是，赵括领兵到了长平。廉颇验过兵符，办了移交，回邯郸去了。大军由赵括统率作战，气势相当强大。赵括来后，将廉颇制定的号令全部废除，并下令说："秦国再来挑战，应给予当头痛击。非杀他们个片甲不留不可。"

范雎得知反间计成功，赵括替换了廉颇，就派大将白起去指挥秦军。白起是当时的优秀军事家，他深通兵法，极富韬略，与廉颇、李牧、王翦并称战国四大名将。白起到了长平，设好埋伏，故意打了几个败仗。赵括不知是计，拼命追赶，结果被引到埋伏好的地点。白起派精兵切断了赵军后路，另派骑兵直冲赵军大营，把赵军切成两段。赵括才知中了秦军之计，只好筑起营垒坚守，等待救兵。白起又派兵把赵国的援兵和运粮的道路切断。

内无粮草、外无救兵，赵军苦守四十多天，士兵饥饿不堪，

鬼谷子

无心作战,甚至自相残杀。赵括走投无路,集结军队几次突围都没成功,最后率精兵出战,结果被秦军的弓箭手射死。赵军听到主将被杀,纷纷扔了武器投降。后来,四十万赵国降卒全被白起坑杀,只放回二百四十多个小兵。长平之战,惨绝人寰。赵国军队就这样因为赵括缺乏经验而全军覆没。

先哲老子曾在《道德经》中说:"知人者智,自知者明。"意思是说能够了解别人是一种智慧,能够自知才算明智。而那些没有自知之明、不自量力的人,历史上从来就不少见。或许他们并非愚钝之人,但他们缺乏经验、不懂变通又自恃高明,不具备将帅之才却傲视一切,肩负重任却不了解自己,往往意气行事,冒险而为,从而造成惨痛的悲剧,付出沉重的代价。

逆向思维,出奇制胜

世间的一切事物,总以各种方式存在着联系,因此,鬼谷子主张了解事物、观察事物,要有一定的高度,要在一个广阔的空间去思考问题,不可忽略事物之间更深层次的联系。《反应》篇曰:"欲闻其声反默,欲张反敛,欲高反下,欲取反与。"在言谈或论辩时,反弹琵琶,欲扬先抑,往往能够吸引他人,获得较好的说服效果。所谓"反弹琵琶,欲扬先抑",就是利用逆向思维,走与目标相反的道路,然后回到真实论点。这是鬼谷子在本篇告诫我们的道理。

三国时,曹操打败了盘踞荆州的刘备,企图一举吞并江东。诸葛亮为了联吴抗曹,来到东吴面见孙权。舌战群儒后,鲁肃叮嘱他千万不要说曹操兵多势大,以免孙权顾虑太多。诸葛亮笑着答应了。不料见了孙权,诸葛亮即大谈曹军兵力强大,说:"曹军骑兵、步兵、水军,合起来不下百万!"孙权听了大惊,忙问:

"其中有诈吧?"鲁肃在旁使眼色,诸葛亮装作没看见,具体分析了一番,得出的结果是曹兵超过了百万,最后说:"我只讲百万,是怕吓到江东人士!"

孙权问:"那么是战是降,请先生决断!"诸葛亮说:"你应根据实力来决断,如果自认为能与曹操抗衡,那就及早断绝往来;如果自认敌不过,不如听从众谋士的意见,投降曹操。"孙权大怒,反问:"照你这么说,刘皇叔为何不投降?"诸葛亮等的就是这句话,于是说:"田横,齐国一壮士而已,尚能守节不辱,况刘皇叔是皇室后代,盖世英才,怎能甘心投降呢!"诸葛亮这句话显然小看了孙权,孙权脸色大变,怒道:"刘皇叔败军尚不投降,我堂堂东吴岂肯受人控制!"至此,心有不服的孙权被诸葛亮的反话"激"了起来,决心发兵抵抗。于是形成了孙、刘联盟共同抗曹的局面。

诸葛亮深知孙权是有为之主,绝不甘心受制于人,所以故意把曹操说得很强大,然后逐步激起孙权的斗志,最终使联吴抗曹的谋略得以实现。

当世界都向右的时候,为何自己偏偏向左呢?这看起来很荒唐,也不合情理。但实际上,这种欲扬先抑的思维方式,在现实中往往会得到出奇制胜的效果。

借鉴古今,设定计谋

观往以验来,知古以论今,是战国时许多哲人的主张。《反应》篇曰:"己不先定,牧人不正,事用不巧,是谓忘情失道。"意思是说如果不事先确定策略,就不能正确管理别人,做事也就没有合适的技巧,这叫"忘情失道"。知己知彼,借鉴古今,使人无从把握自己的策略,做到天衣无缝。

鬼谷子

在战争中,军事力量固然重要,但通过外交或政治手段,同样可使敌人不战自退。既完成了战略目标,又要不费一兵一卒,以最小的损耗获得最大的胜利。鬼谷子认为,论辩谋略要完善细节。说话、做事没有周密计划,就会欲速而不达。不能预先设定谋略,那样会迷失自我。急躁者遇到挫折,往往容易灰心,不能冷静分析,接下来的行动也会连连失误。

对事情进行迅速分析并采取正确对策,这是个人素养的表现。具备了这种素养,才能事业有成。

内揵第三

所谓"内揵",指内心清静不为外物所惑,出入自由。揵者,持之令固也。志趣是否相投,感情是否相洽,游说时机是否恰当,这些是维持人际关系的重点。游说他人时,运用内揵法,要注重言辞的使用和增减。舍近而求远,欲速则不达,这是古今常理。

为君时如何保全君位,为臣时如何尽职尽责,怎样处理君臣关系?本篇所提君臣之道是为了治国安邦,只要君主清醒明智,善于纳谏,臣子进谏及时,进退有道,君臣之间就能保持良好的互动。机警灵活者,往往能打动各诸侯王,成就事业。"上下之交,必内情相得,然后结固而不离。"或动之以情,或晓之以理,不外"情理"二字。以"情"为核心,以"德"为辅佐,以"谋"为变通,这是鬼谷子的交际之道。现代人际交往,亦可借鉴内揵法,创造和谐的环境。

鬼谷子

原文

君臣上下之事①,有远而亲,近而疏,就之不用,去之反求②。日进前而不御③,遥闻声而相思。事皆有内揵④,素结本始⑤。或结以道德,或结以党友,或结以财货,或结以采色⑥。用其意,欲入则入,欲出则出;欲亲则亲,欲疏则疏;欲就则就,欲去则去;欲求则求,欲思则思。若蚨母⑦之从其子也,出无间,入无朕⑧,独往独来,莫之能止。

注释

①君臣上下之事:泛指事物之间相对立的两方面,比如优劣、虚实、真伪、尊卑等。陶弘景注:"道合则远而亲,情乖则近而疏。"②就之不用,去之反求:在身边却不任用,离去后反受聘请。陶弘景注:"非其意,则就之而不用;顺其事,则去之而反求。"③御:驾驭马车,这里是"使用"的意思。④内揵:内,通纳;揵,通楗。本义为门闩,有关闭、固守之意。⑤素结本始:素,平常。本始,根本。君臣之间内心紧连。⑥采色:容颜。⑦蚨母:一种昆虫。据说其母性甚强,母子分离必会再聚,用青蚨母子的血各涂到钱上,涂母血的钱或涂子血的钱用后会飞回,有"青蚨还钱"之说。⑧朕:迹象。陶弘景注:"今内揵之臣,委曲从君,以自结固,无有间隙,亦由是也。"

译文

君臣上下之间的关系,有的距离远却很亲密,有的距离近却很疏远。有的在身边却不被任用,有的离任后反而被征召。每天在君主身边的却不被重用,相距遥远者却铭记于心。所有这些,都受制于内心的情感,以及平时的交往。有的人依靠德行结交君主,有的人依靠志趣相投成为朋友。有的依靠财物,有的采用美色相结交。运用以上方法,臣子就可以做到出入自由,亲疏有别,想靠近就靠近,想离开就离开,或被征召,或被怀念。就像青蚨任其子出入洞穴,来往之时不留间隙,没有痕迹,也就没有人能够阻止。

原文

内者,进说辞也;揵者,揵所谋也①。欲说者,务隐度②;计事者,务循顺③。阴虑可否,明言得失,以御其志④。方来应时⑤,以合其谋⑥。详思来揵,往应时当也⑦。

注释

①所谋:如何用计谋来打通阻塞。②欲说者,务隐度:按,言此策士游说时,应先暗中揣度君主之心意、品质,投其所好而游说,则所说必成。隐度,暗中揣度。度,审度。③计事者,务循顺:意谓计谋时应顺从君主之意愿去谋划。因为策士们出谋划策是为解决君主面临的政治军事等问题,而在采纳计谋、执行决策中,君主是主动者,故在决策时要顺从君主心意,吸引其注意,按我方之谋划解决君主的问题。循顺,依靠,顺着。④"阴虑"句:意谓自己先暗中思虑成熟,知悉事情可否后,再公开说出行事之得失,以此来迎合君主意志。阴虑,暗中考虑。明言,公开讲。御(yà),迎接。⑤方来应时:进献计谋要契合时机。方,计谋。应时,切合时宜。⑥合其谋:合于君谋。此句谓计谋既合君心,又合时势要求,必与君主之谋划相合。⑦详思来揵,

往应时当也：意谓先要经过详细周密的计谋，然后回应君主，与君主缔结稳固关系，则没有不当。详思来楗，经过详细思考才能运用"楗"，入结君主内心。

译文

所谓内，就是向君主进献言辞，以言辞来结交君主；所谓楗，就是向君主进献计谋，以计谋来打通阻塞，得到君主的信任。想去游说君主的时候，必须先审时度势，暗中揣测君主的真实想法和意图；想要向君主进献计谋时，必须循着君主的意思。己方暗中考虑是否可行之后，再对君主公开说出行事之得失，以此来迎合君主的心态。进献计谋要选准时机，对方一旦有应，即进献以合于君主的谋略。先须经过详细周密的计谋，然后去回应君主，那么就没有不恰当的了。

原文

故圣人立事，以此先知而楗万物，由夫道德、仁义、礼乐、忠信、计谋。先取《诗》《书》，混说损益①，议论去就。欲合者用内，欲去者用外②。外内者必明道数③，揣策来事，见疑决之，策而无失计，立功建德。治名入产业，曰楗而内合④。

注释

①先取《诗》《书》，混说损益：引用《诗经》《尚书》验证自己的观点，权衡利弊，加以褒贬。陶弘景注："混，同也。谓先考《诗》《书》之言，以同己说；然后损益时事，议论去就也。"②欲合者用内，欲去者用外：君臣关系的疏密，全在于情。得情则就，失情则去。谋者应审时度势，权衡利弊。若欲去之，

则不必动之以情。③外内者必明道数：决定内外大事，必须明确道理和方法。外内，指情外和情内，即有情和无情。道数，方法谋略。陶弘景注："言善知内外者，必明识道术之数，预揣来事，见疑能决也。"④治名入产业，曰揵而内合：策士既要能帮助国君处理好君臣之间的职分，又能助其治理民众，这样国家就能得到治理。策士也能从内部打开君主，与之交结而得任用。陶弘景注："理君臣之名。使上下有序；入贡赋之业，使远近无差。上下有序，则职分明；远近无差，则徭役简。如此则为国之基日固，故曰揵而内合也。"

译文

所以，圣人建立功业就是使用这个方法，由此把握实情控制事物。君臣之间有了情意，才能施展政治理想，推行道德、仁义、礼乐、忠信、计谋等方面，进献治理国家的谋略。向君主进言，引用《诗经》和《尚书》来验证观点，根据实情夹杂进自己的言辞，或增或减，权衡利弊决定去留。想接近君主就要打动其内心，想要离去就不必讲究情谊了。懂得了有情和无情的分别，揣测将来要采用的方法，及时发现可疑之处并做出决断。制定谋略保证没有失误，就可以取得成功。管理百姓，使他们从事生产，叫作内部安定，团结一致。

原文

上暗不治，下乱不寤①，揵而反之。内自得而外不留②，说而飞之③。若命自来，己迎而御之。若欲去之，因危与之。环转因化④，莫知所为，退为大仪⑤。

鬼谷子

注释

①上暗不治,下乱不寤:君主昏聩不明事理,百姓愚昧而不觉悟。陶弘景注:"上暗不治其任,下乱不寤其萌,如此天下无邦,域中旷主,兼昧者可行其事,侮亡者,由是而兴,故曰揵而反之。"②内自得而外不留:内心采纳意见,表面却不显露。③说而飞之:以言辞引诱君主,以察言观色,判断其内心意图。陶弘景注:"言自贤之主,自以所行为得,而外不留贤者之说。如此者,则为作声誉而飞扬之,以钓观其欢心也。"④环转因化:言辞婉转如圆环。⑤退为大仪:保全自己的最大原则。陶弘景注:"去就之际,反复量宜,如圆环之转。因彼变化,虽优者莫知其所为,如是而退,可谓全身大仪。仪者,法也。"

译文

如果君主昏聩无道,臣子愚昧而不觉悟,那么,谋略之士就应该改变想法及时离开。如果君主听从意见却没有表现出来,那么就要用激烈的言辞来试探君主,察言观色,获知真实意图。如果君主下诏任命自己,就要迎合诏命侍奉君主。如果君主不想接纳进言,甚至会给自己带来危险,那么言辞之间,就要像圆环一样灵活转换,使君主看不清自己的真实想法,这样才能保全自己。做到这样,可以说是能懂得全身而退的法则了。

鬼谷子事典

把握得当,沟通有方

《内揵》篇的主旨所在,是为人们提供一些君臣相处之道。

为君的明鉴清醒,纳言不苟,做臣的进谏及时,进退有序,君臣之间就能和谐相处。君臣关系的亲疏好坏,关键在于感情是否相合,志趣是否相投。

俗话说"伴君如伴虎",陪伴君王随时有杀身之祸,因为皇帝拥有至高无上的权力,又经常喜怒无常,君威难测。扬雄《解嘲》所说:"旦握权则为卿相,夕失势则为匹夫。"智谋之士要游说君王,就要言行谨慎,头脑灵活。应付突然事件要随机应变,才能全身而退。这是鬼谷子在《内揵》篇中提到的观点。

有一天,晋文公举行晚宴。厨师上了一盘肉。晋文公正要吃,发现肉上绕有毛发,便把厨师叫来,厉声呵斥:"肉上绕着毛发,你想噎死寡人吗?"厨师大惊,赶忙磕头跪地请罪说:"我有三条死罪,请大王惩罚:用磨刀石磨刀,磨得非常锋利,肉能断,毛发却切不断,这是其一;用木棍穿肉却看不见毛发,这是其二;用炽烈的炉火烤熟了肉,毛发却没烧掉,这是其三。"听到这里,文公明白了是有人在陷害厨师。

厨师无端被责骂,自知受冤,但很快冷静下来,自列罪状申诉冤屈。这种方式,显然比直接喊冤好得多。故事中的厨师,依靠随机应变躲过了灾祸。可见,面临突然事件,想办法把自己想说的,找机会表达出来,灵活控制局面才能有利于自己。

这种君臣之道,同样适用于现代社会的职场上。当你做事不被上级看好时,是据理力争,还是忍气吞声?一般情况下,需要忍耐一时,反省自我,看问题到底出在哪里。如果自己把握得当,定位准确,掌握沟通的技巧,结果就会朝好的方向发展。

洞察先机,果断决策

孔干先生的座右铭曰:"待人应守儒家之忠诚,治世应持法

鬼谷子

家之严明,创业酌用兵家之权变,养心可奉释家之超脱,行文当如纵横家之灵活,读书当如墨家之兼爱。"纵观历史,忠诚可表现为对君主、对朋友尽心尽力,乃至赴汤蹈火。《说文解字》:"忠,敬也,尽心曰忠。"忠,是一种对人对事应有的品德和行为准则。

当然,这忠并非无原则的忠。如果君主昏聩无能,朋友性劣无耻,对这样的人忠诚,那就只能说是愚忠了。对于愚忠,鬼谷子显然是持反对态度的。他认为,如果"上暗不治,下乱不寤",就要"反";自己不被重视,就要"飞"。

末世无英才,贤者或隐于市,或被奸人陷害。一个朝代君主贤明,就会人才济济。治世之君大多能识正直之臣。有一次,唐太宗问谏议大夫魏征:"历代君主,为何有的明智,有的昏庸?"魏征说:"能够听取各方意见,就是明智;听取个别之言,就是昏庸。广泛听取意见,就能了解下情,不被蒙蔽。"

在明君面前,正人君子可以获取功名和威望。在昏君面前,不会带来任何好处。当朝政黑暗,动乱形势不可逆转时,就要防止深陷其中,当机立断,该退即退,远离黑暗,隐身自保。若要逆流而上,只会受到损害。

比如,商纣王的叔叔比干,不断向纣王进谏,希望他回头是岸,最终却被纣王残害。总之,君子应有洞察先机之明,在事情还未发展成恶果时就有所觉察,并果断决策决定去留。就像倦鸟归巢,太阳刚刚落山,尚未收尽余晖时,就开始行动,并不是等到完全天黑后才往回飞,这样就会遭遇凶险。可见,作为纵横四方的游说之士,更应该吸取教训,洞察先机,及时行动以求自保。

君子爱财,取之有道

良禽择木而栖,人要善于选择。一旦找到用武之地,就要积极进取,建功立业;如果局势不利,就要果断放手,急流勇退。沉迷于权势,陷入不切实际的幻想,终会引来灾祸。

春秋时,吴王夫差打败了越王勾践。此后,越王勾践卧薪尝胆,在范蠡等人的辅助下,最终励精图治,复仇成功。吴王夫差也被逼自杀。吴国灭亡后,范蠡早早辞掉了官职,远离了是非场所,泛舟河海之上,遁迹于江湖之外。据说定居于山东菏泽的"陶城",成了有名的富商。

范蠡离开越国后,曾给好友文种写信,劝他放弃权势。信中说:"飞鸟尽,良弓藏。狡兔死,走狗烹。"文种没有听取范蠡的建议,认为越王不会那么绝情。后来,越王听信谗言,怀疑文种不忠,真的逼他自杀了。范蠡和文种对待名禄的态度不同,结局也大相径庭。这对于热衷于功名的人来说,是有借鉴意义的。

越王勾践忍辱负重,卧薪尝胆十年,终报大仇。但他心胸狭窄,连同生死、共患难的大臣文种都不放过。范蠡有先见之明,他深知勾践的为人,懂得急流勇退的道理,才在残酷的政治斗争中保全自己。相比之下,文种的想法就未免太过天真了。

懂得进退之道,能够适当取舍,就会生活愉悦,精神充实。反之,对于事物总有非分之想,企盼不属于自己的东西,可能会带来灾难。可以说,这是人性的弱点,如果不善于克制自我,任凭欲望的野草蔓延丛生,必然会造成不必要的损失,葬送前程。

鬼谷子

自古到今，贪心是人的大敌。在商业社会，赚钱发财似乎是大家共同的目标。人人都想获取更多，但不能贪心。一个人过于贪心，就会失去原则；官员过于贪心，将会丧失前途；商人过于贪心，就会失去伙伴，生意惨淡。所以，君子爱财，取之有道。当今社会，诱惑很多，因此，要学会克制自我，戒贪戒躁。

顺势而为，顺其自然

《内揵》篇曰：欲说者，务隐度；计事者，务循顺。意思是要想说服他人，必要暗中揣测对方心意；要谋划事情，必要顺势而为，顺其自然，才能水到渠成。这句话体现了本篇的旨要，也是鬼谷子施展谋略的思想基础。

战国时，齐宣王一心想完成称霸大业，于是向孟子请教："怎样才能统一天下，我能否统一天下？"孟子说："能。我听说，有一次新钟铸成，准备杀牛祭钟，你看见牛在发抖，感觉不忍，不让杀牛，有这回事吧？"齐宣王答："是有这回事。"孟子说："大王，凭你这种恻隐之心，就可以行王道，统一天下。"齐宣王听了很高兴。孟子接着说："问题是你肯不肯干罢了。有人说：'我能举起千斤之物，却举不起一根羽毛；我的眼睛能看清鸟兽毫毛，却看不见满车木柴。'您相信这句话是真的吗？"

齐宣王答："当然不信。"孟子说："大王的恩惠足以推到禽兽身上，却推不到百姓身上，这和举不起一根羽毛和看不见满车木柴一样，同样叫人不能相信。如今百姓不能安居乐业，是因为你根本不关心，而不是不能做到。所以说，你能完成王道霸业，也能统一天下，问题是你愿不愿意去做，而不是做不到。"

齐宣王说："这有什么区别呢？"孟子说："要把泰山夹在胳膊下跳过北海，说我做不到，这是真的做不到。要为老年人折根树枝，说我做不到，这是不愿意做。大王你没有做到用道德来统一天下，不是不能把泰山夹在胳膊下跳过北海，而是不愿为老年人折树枝。'老吾老以及人之老，幼吾幼以及人之幼'，做到了这一点，天下便容易治理了。古圣贤因为善于推广自身的德行，所以远远超过众人。如今大王的恩惠能够施及动物，却不能施及百姓，这是为何呢？"

孟子在与齐宣王对话时，充分运用了论辩方法，既给齐宣王留够了面子，也使他领悟了其中道理。宣扬保民而施行王道，举例生动形象，可见孟子善于揣摩听者之心，懂得取悦于对方，使谈话继续。然后从不同角度提出问题，使谈话的内容层层深入，具有极强的说服力。

调查研究，正确决策

君臣之间的关系亲疏，与情谊是否相合，志趣是否相投不无关系。心有所属则情谊渐生，道不同则不相为谋，这是人之常情，事之常理。鬼谷子所说"内揵"，关键是找准对方的心理契合点，让对方有认同感，从内心去打动对方，然后再提出建议和谋略，进而影响对方的决策。这是纵横家进献计谋的方法。

战国时的张仪最善于运用"内揵术"。秦惠王时，张仪用"连横"的方式对付诸侯国的"合纵"策略，取得了巨大成功。张仪先后去魏国四次，劝魏哀王尊秦王为帝。接着，又瓦解了齐楚同盟，迫使楚国与秦国结盟。然后说服燕王献上城池，亲秦弃

鬼谷子

赵,实现了连横策略。劝说赵国则利用外交上的优势,从全局分析。张仪巧施计策说服六国,破除"合纵"策略,是因为找到各国君主的软肋所在,揣测他们的不同心思,根据不同国家采取不同的突破口,这是他能取得成功的重要原因。

知己知彼,百战不殆。游说是为了让对方听从自己的建议,使局势为我所控。这就要知道对方内心所想,再从其利益出发,使对方认同自己的观点。这是"内揵术"的关键所在。鬼谷子认为,说话办事要想达到预期效果,就要调查研究,掌握实情,然后根据实情制定策略。如果还没充分准备就盲目行动,必然遭遇失败。

《伊索寓言》中有一则故事。狐狸不小心掉进井里,爬不上去。正好山羊渴了,来到井边,发现了狐狸,便问:"井水好喝吗?"狐狸说:"井水很甜,赶紧跳下来喝吧。"山羊一听就相信了,于是"扑通"一声跳下来。

山羊跳下去后,才发现上不去了。狐狸说:"我有个办法。你用前脚扒在井壁上,我踩着你跳上去,我再拉你出来,我们就得救了。"山羊同意了。狐狸跳出井口,就不管山羊了。山羊骂狐狸不守信用。狐狸说:"伙计,如果你的头脑和你的胡须一样完美,就不会在没想到上来的办法前就跳下去了。"

事先不了解情况而盲目行动,就会陷入困境无法自救。聪明人在行动之前会把情况调查清楚,并预见到事情的结果。只有看透对方,才不至于陷入误区。在商业领域,鬼谷子的话同样适用。搞好调查研究,是正确决策的基础和前提。调查研究可以提高认识水平,由此更好地掌握全局和指导工作。企业或个人在投资前,进行充分的调查研究,在掌握正确信息的基础上做决策,就会最大限度获取效益。

互相帮助,委婉表达

《鬼谷子》中权术谋略的实施,以君臣之间感情融洽为基础。君臣上下相交,必须情感相得,才能彼此接纳意见,这是君臣相亲相近的至理名言,也说明了内部团结的重要性。《内揵》篇:"欲合者用内,欲去者用外。外内者,必明道数,揣策来事,见疑决之。策而无失计,立功建德。治民入产业,曰揵而内合。"

向君主提建议,要揣摩对方心理,切中时宜,才能方便自己,以灵活变化求得认同,就容易改进事宜,进献谋策。在谈话中找到突破口,寻找有意义的话题引起对方的兴趣,在互相了解的基础上进行感情交流,有了基础,话就能够说到对方心里,进一步"通情"而"达理"。"得其情,乃制其术",这是《内揵》篇提到的重要一点。掌握了信息或情报,就有利于制定对策,展开行动。这对于现代商战也有极高的实用价值。

工作中,有时候需要向上司提一些建议。然而,人们常为进献计策不受重视、不被采纳而苦恼,特别是在上司断然拒绝后。问题的根源在于人们通常以"我"而不是"我们"的角度来陈述事情或者观点。需要注意的是,运用"口才"一味奉承和附和上司,不可能留下良好的印象。所以,要保持独立的人格,不要通过降低身份来获得上司的重视。

要在人际交往中获得良好的沟通效果,除了以情理打动对方外,还要讲究策略,提建议时要委婉一点。当他人遇到困难和挫折时,伸出援助之手给予帮助。委婉语应用于生活的各个层面,不仅是人际交往的需要,更是协调人际关系和社会关系的重要手段。这是实现目的的有效表达方式,有利于表达思想,使沟通轻

松愉快进行。

对于公司而言,只有内部团结,才能营造良好的氛围。团结就是力量,同事间互相配合,就会提高工作效率。如果相处不融洽,就会影响工作。良好的人际关系有助于个人的发展,对职场人士来说,与同事的关系是和则双赢,闹则两败。只有经常沟通,才能建立良好的人际关系。

在与同事关系紧张时,不要急着去批评别人,要先想想自己的不足。给别人关心和帮助,自己也会得到回报。

批评得当,事半功倍

《内揵》篇的核心是"情"字。以"情"为中心,就能拥有融洽的人际关系。

"人非圣贤,孰能无过。"人的一生总免不了会犯错误,有时候很难自我省悟。当别人犯了错误,我们可以适当予以批评和指正。运用言近旨远、含蓄深沉的批评手法,其效果远远胜过狂吼和怒斥。

批评他人采取什么样的方式才易于被接受?教育家马卡连柯说:"批评不仅仅是一种手段,更是一种艺术,一种智慧。"其实批评也可以温柔地批评,并能得到事半功倍的效果。

首先对人要尊重,要有同情心。说话要温婉,不可故意刺激他人。如果说话又冲又直,令人无法忍受,即使对方嘴上认错,心里也不会服气。

纠正他人错误,言语越少越好,最好能一句两句就使对方明白,然后转至其他话题。不可滔滔不绝,使对方陷于窘境,从而招致反感。纠正他人错误,切忌采用命令的语气。可以旁敲侧击,暗中指出其错误,以保护对方的自尊心,使其自觉改正错误。总之，批评是为了纠正错误，方法很重要。

得人心者得天下

"夏桀和商纣之所以丢掉天下，是因为民众不再支持他们；之所以不再支持，是由于对他们失望。要得天下的办法就是去获得民众的支持，做到了就能得到天下；要获得支持的办法就是获得他们的认可，做到了就能得到；要获得民众认可的办法就是做民众期望的，不要做他们反感的。如果现在有一位仁慈的君主，那天下的诸侯就会支持他。平时不行仁政，一辈子都要担忧失去支持者，这样下去早晚都会失败。

君臣之间的关系亲疏，皆系于情。得情自合，失情自去，游说之士必须审时度势，权衡利弊。反之，如果想离开，就不必动之以情。以"情"为中心，以"谋"为变通，这是鬼谷子在《内揵》篇所表达的指导思想。发挥情感效应的方法很多，比如赞美，这一方法适用于人际交往以及人事管理。

赞美不是一件难事，有时只需片刻思索找到别人的优点，就能得到意想不到的回报。其实，赞美是人际交往中沟通的最佳方式。

作为领导者，除了维护自己的尊严和地位，在适当的时候，赞美员工也是必要的。当然，赞美要出于真心，让员工看出自己的真诚，才会得到更多的信任。可以鼓舞员工的斗志，激励员工创造更大的利润。

三国时，刘备在荆州被曹操打败，不听众将劝说，冒着被追上的危险，扶老携幼带全城百姓出逃。刘备虽然大败，却赢得了民心。《贞观政要》记载着李世民的一段话："为君之道，必须先存百姓，若损百姓奉其身，犹割股以啖腹，腹饱而身毙。"无论

刘备还是李世民，他们用自己的言行验证一个道理："得人心者得天下。"

　　对普通人来说，大家都有爱的需求。感情需要慢慢培养，是先予后得。所以作为领导，用真情打动员工。这是《内揵》篇所倡导的以"情"为中心的要旨所在。

抵巇第四

抵巇，意思是弥补不足、堵塞漏洞。抵，抵御、防备。巇，本指缝隙，引申为矛盾、漏洞。祸患常起于细微，千里之堤毁于蚁穴，要防患于未然，这是鬼谷子对我们的告诫。"物有自然，事有合离。"领略抵巇之道的人，会在矛盾的萌芽状态，做到审时度势，预测矛盾发展，抓住时机实施谋略，及时消除负面因素，成功处理问题，使矛盾迎刃而解。这就是"抵巇"。治国理政，为君做臣，皆当如此。

如何把握过去和将来，怎样真正了解现状？鬼谷子认为，现实生活中存在很多漏洞，如果不能深刻觉察，加以抵御和防备，就可能酿成大错，一谬千里，不可挽回。陶弘景注曰："墙崩因隙，器坏因衅。方其衅隙而击实之，则墙器不败，若不可救，因而除之，更有所营置，人事亦犹是也。"意思是说墙壁有了缝隙就会崩塌，器具有了裂纹就会碎裂。若是使之坚实，墙壁和器具就不会衰败，如果真到了不可补救的时候，就要趁机去除，然后加以更换，人事也是如此。

鬼谷子

原文

物有自然，事有合离①。有近而不可见，有远而可知。近而不可见者，不察其辞也；远而可知者，反往以验来②也。巇者，罅也。罅③者，㵎也；㵎者，成大隙也。巇始有朕④，可抵而塞，可抵而却，可抵而息，可抵而匿，可抵而得，此谓抵巇之理也。

注释

①合离：聚合与分离。②反往以验来：考察过去，验证将来。陶弘景注："察辞观行，则近情可见；反往验来，则远事可知。古犹今也，故反考往古，则可验来今，故曰反往以验来也。"③罅：裂痕，缝隙。④朕：征。征兆，迹象。陶弘景注："朕者，隙之将兆，谓其微也。自中成者，可抵而塞；自外来者，可抵而却；自下生者，可抵而息；其萌微者，可抵而匿；都不可治者，可抵而得。深知此五者，然后尽抵巇之理也。"

译文

世间万物都有自身的法则和规律，任何事情或聚或离，皆有其内在原因。有些事发生在身边却不被察觉，有些事距离很遥远却能知道。发生在身边却不被察觉，是因为没有考察对方的言辞；距离很远却能知道，是因为善于反顾历史，寻找历史上同类事物的解决办法或经验，来比证今天。

所谓"巇"，就是"罅隙"。小的裂痕会逐渐扩大，最终变得不可收拾。当裂痕开始出现的时候，会有一定的征兆。在裂痕刚出现时，可以通过"抵"使其闭塞，可以通过"抵"使其退回，可以通过"抵"使其停止，可以通过"抵"使其消失，可以通过"抵"而获取。以上就是"抵巇"的原则和方法。

抵巇第四

原文

事之危也,圣人知之,独保其身。因化说事①,通达计谋,以识细微。经起秋毫之末,挥之于太山之本。其施外②,兆萌芽蘖③之谋,皆由抵巇。抵巇之隙,为道术用。

注释

①因化说事:根据情况分析事情。陶弘景注:"形而上者谓之圣人,故危兆才形,朗然先觉,既明且哲,故独保其用也。因化说事,随机逞术,通达计谋,以经纬,识微而预防之也。"②施外:施之于外。意思是教给他人。③兆萌芽蘖:兆萌,征兆萌芽。芽蘖,植物新生根芽。陶弘景注:"宫乱政施外兆萌芽蘖之时,智谋因此而起,盖由善抵巇之理,故能不失其机,然则巇隙既发,乃可行道术,故曰抵巇为道术用也。"

译文

当事情危急时,圣人会有所察觉,并做到保全自身。根据客观情况分析事情,通晓各种计谋,制定行之有效的方法。观察事物间的细微处,事物常由细小的状态引起的,如果任其发展下去,由小到大,就会撼动泰山的根基。圣人施展计谋,教给众人防患于未然的道理,是从堵塞缝隙这个道理而来。发现事物间的疏漏,并用"抵巇"的方法弥补,这是处理问题的根本方法。

原文

天下纷错①,士无明主,公侯无道德,则小人谗贼;贤人不用,圣人窜匿②,贪利诈伪者作;君臣相惑,土崩瓦解而相伐射③;父子离散,乖乱反目;是谓萌芽巇罅。圣人见萌芽巇罅,

鬼谷子

则抵之以法。世可以治则抵而塞之,不可治则抵而得之。或抵如此,或抵如彼。或抵反之④,或抵覆之⑤。五帝⑥之政,抵而塞之。三王⑦之事,抵而得之。诸侯相抵⑧,不可胜数。当此之时,能抵为右⑨。

注释

①纷错:混乱,分裂。②窜匿:逃离隐匿。③相伐射:相互攻代冲击。④反之:任其背反,不加控制。⑤覆之:使之颠覆,取而代之。陶弘景注:"如此谓抵而塞之,如彼谓抵而得之;反之谓助之为理,覆之谓自取其国。"⑥五帝:传说中的上古帝王,即黄帝、颛顼、帝喾、尧帝、舜帝。一说指少皞、炎帝、黄帝、太皞、舜。⑦三王:这里指夏禹、商汤、周文王。因为夏商周有征伐之事。陶弘景注:"五帝之政,世犹可理,故曰抵而塞之,是以有禅让之事。三王之事,世不可理,故曰抵而得之,是以有征伐之事也。"⑧诸侯相抵:指春秋五霸,即齐桓公、晋文公、宋襄公、楚庄公、秦穆公,互相抵制、对抗。⑨右:上。

译文

天下纷乱,国无明主,那么公侯缺乏道德约束,就会任由小人谗言害人,贤能之臣不被任用,圣人逃离隐遁。贪婪狡诈之人兴风作浪,君臣上下互相猜疑,国家就会土崩瓦解,诸侯之间互相攻伐。父子离散,没有规则,反目成仇。以上这些,都是国家出现裂痕的状况。圣人看到这种状态,则会想方设法加以弥补。假如国家还有治理的希望,就用"抵巇"法去堵塞;假如国家乱到不可治理时,就用"抵巇"法使其崩溃,然后重建一个新的秩序。或者用抵巇之法达到弥补缝隙的目的,或者用抵巇之法达到取而代之的目的。或者用抵的手法反过来,或用抵的手法倒过去。五帝当政,虽然也有动荡之时,但圣人出来堵塞弥补,仍可延续;三王之时,天下大乱,只能取代前世君主,获取天下。诸侯间互相征伐,互相取代,这样的事不可胜数。在动乱的时代,采取措施,善用抵巇,才是国家发展的上策。

原文

自天地之合离、终始,必有巇隙,不可不察也①。察之以捭阖,能用此道,圣人也②。圣人者,天地之使③也。世无可抵④,则深隐而待时;时有可抵,则为之谋。此道可以上合⑤,可以检下⑥。能因能循,为天地守神⑦。

注释

①合离:分合。陶弘景注:"合离谓否泰,言天地之道。正观尚有否泰,为之巇隙,而况于人乎!故曰不可不察也。"②"察之"句:陶弘景注:"捭阖亦否泰也。体大道以经人事者,圣人也。"③天地之使:指圣人能明审天地自然之道,洞察社会人事。陶弘景注:"后天而奉天时,故曰天地之使也。"④世无可抵:乱世之时,无可补救。⑤上合:顺应时势治理乱世。⑥检下:收拾乱局使天下归我所有。陶弘景注:"上合谓抵而塞之,助时为治;检下谓抵而得之,使来归己也。"⑦为天地守神:守神,祭祀神灵。本句可理解为维持国家纲纪。陶弘景注:"言能因循此道,则大宝之位可居,故能为天地守其神化也。"

译文

天地万物,聚合、离散是常见的事,其中必然会产生缝隙,不可不加以细察。考察社会就要用抵巇之术,能用这种方法的人,就是拥有智慧的圣人。所谓圣人,可以说是人世的主宰。如

鬼谷子

果世道混乱不可挽救,圣人就会远离是非,隐遁江湖以待时机;如果世道还可以挽救,圣人就会为国家筹划谋略。运用"抵巇"可以顺应形势治理乱世,也可以收拾残局以夺取天下。能够因循此道,方可稳居帝位,保有对天地神灵的奉祀。

鬼谷子事典

注重修养,积善成德

世间万物都有自身的法则和规律,聚合离散各有内在原因。注重考察人们的言行,以观测其内心;反顾过去以预测将来,就会近情可见,远事可知。谈到事物间的征验,扬子《法言》中说:"君子之言,幽必有验乎明,远必有验乎近,大必有验乎小,微必有验乎著。无验而言之谓妄。"君子言说必须有所验证,不能验证而言说,称为虚妄。扬子提出"言必有验"的主张,其中"远必有验乎近",这与鬼谷子在《抵巇》中所论大致相同。

鬼谷子认为:"有近而不可见,有远而可知。"为什么远处能看见而近处却看不见?因为近处的东西太平常,看多了就难以刺激视觉。生活中很多事都是如此,当人们形成了惯性思维,就会习以为常。而想成就大事的人,必须注重小节,从细微处做起。

古语说:"不积跬步,无以至千里。"任何事物都要经历由量变到质变的过程。"勿以善小而不为,勿以恶小而为之。"即使人的本性是善的,但如果不注意修养自身、尽善成德,也可能逐渐变坏。

周武王灭掉商朝自立为王,西戎派使臣送来一条名犬。召公担心武王痴迷于玩乐享受,就劝谏他。武王觉得不过是一条狗,没什么大不了。召公说:"贤君应该给百官做出表率,随时注意自己的德行,哪怕是小节也应注意。大德是由小德积累而来的,就像用土去堆一座很高的山，山很快要堆成了，只差一筐土的高度，如果这时停止了，就不能成功，不是太可惜了吗？贤明的君主，可不能犯这种错误！"武王听了召公的劝告，就专心治理朝政，终成一代贤君。

正如召公所说，越是干事业的人，越要注意小节。俗话说："千里之堤，溃于蚁穴"，蚂蚁能使千里之堤毁于一旦。即使个人再强大，他身上任何一个弱点都能成为他人攻击的目标。

在别人面前言行有节，这是容易的；在别人看不到的时候，依然不改操守，注重小节，这就很难做到了。真正的君子，做事不是为了虚名，而是为了坚持内心的信念。对自己诚实，有时比对他人诚实还要难。一个人在处理小事的态度和做法，就能看出其能否成就大事。细节决定成败，小节影响大事。

有备制人，防微杜渐

抵巇者，防患于未然也，可以说是《抵巇》篇所论要旨，体现了"以小见大"的道理。古今中外成大事者，莫不察觉事物间的细微征兆，从小处做起。

"事之危也，圣人知之，独保其用。因化说事，通达计谋，以识细微，经起秋毫之末，挥之于太山之本。"当危险的征兆出现时，圣人能够敏锐察知，根据事物间的变化之理进行具体分析，制定行之有效的谋略。

聪明的人能预察危机，愚蠢的人则视而不见。处理事情要从细微处着眼。小事不管，就会成大矛盾；大矛盾不调解，离失败也就不远。防微杜渐，这是古圣贤应付社会危机的方法，意思是危机刚露苗头时，就要采取方法解决问题，以防危机继续扩大。

抵巇，本是指堵塞漏洞，又可引申为国家大事。比如，天下刚刚安定，需要休养生息。当然，休养生息不等于"刀枪入库，

马放南山",更要居安思危。危机往往蕴藏于平静之中,它的萌生,肯定有最初的诱因。防微杜渐,既适用于国,也适用于家。若小节不修,言行不信,虽是小事也能酿成祸端。《周易》曰:"君子藏器于身,待时而动。"一旦觉察到隐患萌生,就将之斩杀于摇篮之中。

正如鬼谷子所说:"圣人见萌芽蠓罅,则抵之以法。"危机发生前,可以有效避免或减轻。凡事预则立,不预则废。市场如战场,有备制人,无备则制于人。商业经营,抓住对手的疏漏,乘势攻击,同时,自查缝隙,防微杜渐,使对方无可乘之机。这是运用"抵蠓"的方式。

因势利导,审时度势

春秋末年,晋国政局发生大变。旧贵族退出权势中心,逐步被赵、韩、魏、智、范、中行六家取代,形成异姓大夫专权的局面。六卿之间,围绕统治大权和土地分割,展开了激烈斗争,矛盾尖锐。

其中,赵家一度凌驾于众卿之上,但自"下宫之难",便一蹶不振,直到赵简子继位。赵简子励精图治,把刑书铸在大铁鼎上,颁布了晋国第一部成文法典,获取了国内新兴势力的支持。

后来,赵简子升任为晋国正卿,执掌国政。赵简子善于收买人心,在他的封地里,耕种者可以多打粮食少交税,甚至对新开垦的土地免税,对边区的人民减更多税。这些政策吸引了大批移民来垦殖。

有一次,阳城胥渠求见赵简子,说自己得了重病,只有用白骡的肝脏做药引,才能治好病。赵简子听了,于是召来厨师杀死了心爱的白骡。不久,赵简子发兵攻打狄人。阳城胥渠和他的手下勇士,争先恐后冲锋陷阵,率先攻上城头,砍下了敌将的首级。

当时，鲁国的家臣阳虎专擅国政，后来被鲁定公讨伐，只好出逃在外，齐、宋等国不敢收留他。阳虎逃到了晋国，赵简子把他接到府中并任命为相。阳虎深为感动，始终不敢为乱，尽心尽力为赵简子效力，在灭范氏、中行氏的斗争中积极谋划出力，立下了大功。

赵简子通过杀骡救人这件事，表明了他对臣民的态度，赢得了人心。鬼谷子认为，万物都起于秋毫之末，当德政推行，奸邪小人就会被排斥，乃至于被消灭。赵简子具有兼容人才的胸怀，提出了用人不拘一格、不论品行的思想。对于所用之人，认真了解其善恶是非，以及才干特长，使其人尽其才。像阳虎这样善于窃夺权柄的人，也能得以重用，正是因为赵简子采取了因势利导、扬长避短的做法，使其不再继续为恶。

对于个人发展来说，因势利导、审时度势是很重要的。有的人品性耿直，敢于直言，遇到不平时能挺身而出，但却不会审时度势，因此处处受挫。拥有较高的素养，就能把握事物发展的本质联系，"运筹于帷幄之中，决胜于千里之外"。

坚守原则，合作共赢

北宋前期的谏官制度是我国历史上的一项重要制度。当时的谏官，可以说是天不怕地不怕，敢于据理力争，被称为"殿上虎"，连皇帝也畏惧几分，奈何不得。

有一天，宋太祖在园中用弹弓打鸟，一大臣称有急事请见，太祖连忙召见，但发现他所奏报的却是普通事。太祖大怒而责问，他回答说："我以为这件事比打鸟要着急。"太祖大为恼怒，把他的牙齿打掉两颗。大臣拾起牙齿放入怀中。太祖说："你想告我吗？"大臣说："我没有办法告你，但吏官会记录这件事。"

宋太祖因此为"偶有误失,史必书之"而言行谨慎。

有一个大臣立了功,按制度应该升官。但宋太祖不喜欢这个人,就不同意,宰相赵普却据理力争。太祖怒:"朕就是不升他的官,你能把我怎样?"赵普说:"刑以惩恶,赏以酬功。古往今来都是这样,况且刑赏是天下的刑赏,并不是陛下一人的刑赏,怎么可以凭个人喜好而决定呢?"太祖怒到极点,起身走开。赵普在后边跟着他。太祖入宫,赵普立在宫门前,很久没有离去。

宋太宗时,寇准为员外郎,所奏请的事情违背了太宗的初衷,太宗拂袖起身,想退朝回宫,寇准却用手拉住宋太宗的衣角,请他坐下来。寇准的行为,可谓胆大包天。因为忌惮谏官与自己针锋相对,使自己颜面扫地,下不来台,宋太宗曾央告宰相:"朕若有过,卿勿面从。"

北宋中期以前,因为皇帝大度开明,谏官"未有知而不言,言而不行;亦未有言之不行而不争,争之不胜而不去者",这在当时,对于防止朝政腐败发挥了重要作用。

当自己不被理解或被陷害时,有人退出纷争,有人则据理力争。只有坚守原则,据理力争,才能赢得对手的尊重,实现平等对话与合作共赢。

堵塞缝隙,防患于未然

所谓抵巇,是在裂痕刚出现时,通过防御使其得以控制。若是不可弥补的情况,使其彻底瓦解,然后重新建立。这里提出了两种做法,在力所能及的情况下尽量弥补,若是不能恢复原样,就加以改造另起炉灶。

堵塞小的缝隙,可以防患于未然。所谓缝隙,是指事物之中的疏漏。明察缝隙,可以窥察奸人,也可认清敌营中的隔阂,用离间计使缝隙变大,最终达到分化瓦解的目的。天下大乱时,就要靠"抵巇"取胜。

比如,美人计出自《六韬》:"养其乱臣以迷之,进美女淫声以惑之。"对于用军事行动难以征服的敌方,要使用"糖衣炮弹",可以在意志上打败敌方将帅,使其内部丧失战斗力,然后再行攻取。这与鬼谷子提出的"抵巇"法不谋而合,先找到对方主帅的"巇",然后"抵而塞之"。统兵打仗敌我交锋,必须信任自己人,倘若心有怀疑,便给了敌人可乘之机。这就是"用人不疑,疑人不用"的道理。

楚汉相争时,陈平用离间计挑拨项羽与范增的关系。范增一心要为项羽消灭刘邦。项羽却生性多疑,对范增不再信任。范增督促项羽速攻荥阳,并把鸿门宴上的事重提,谈及利害相关,说如果再让刘邦逃脱,将后悔不及。项羽听了大怒,说恐怕不等攻下荥阳,自己的命就会被人送掉。范增摸不着头脑,想到必是有人进谗,因而大声请求辞退,说自己年迈不能行事,掉头径出。项羽也不挽留。

至此,范增终于绝望,他一路东行,想自己一心为楚,却落了如此下场,不由气闷交加,寝食不安。年过七十的老人怎禁得起这样打击,结果未到彭城,就背发恶疮而死。陈平利用了项羽的疑忌,巧施离间,使范增离开项羽。这正是《抵巇》篇所要求的:遇有缝隙,"时有可抵,则为之谋"。

顺应形势,积极改革

所谓抵巇,就是堵塞漏洞。鬼谷子将之引发为治国理政之道,论述国家存亡大事。"圣人见萌芽巇罅,则抵之以法。"并以三王五帝为例,阐明了"世可以治,则抵而塞之。不可治,则抵而得之"的深刻道理。

"抵巇术"的运用方法不是一成不变的,是要见势而动的。革旧立新是历史发展的必然结果,不以人的意志为转移。荆轲不畏牺牲,刺杀秦王虽然被人称赞,但换一个角度来说,荆轲的刺杀行动却是以阻止社会变革为目的,阻碍了社会进步,失败也有必然性。当时秦国攻灭燕赵,统一六国,符合社会的发展趋势,不是某个刺客的暗杀行动所能阻止的。

变革旧事物,发展新事物,需要经过时间的考验,然后才能被接受。古代圣王变革都是顺应天命,没有阴谋可疑之事,天下看得清楚,无不信服。东汉马融说:"虎变威德,折冲万里,望风而信。"可见"德"的重要性。推行变革时,若能做到德行天下,革道显明,自然云集响应,这样的变革前景当然美好。

周文王讨伐商纣王,就顺应了历史潮流,很多人纷纷投奔,连诸侯小国也来臣服,他们聚集到正义的麾下,为兴周灭商效力。这为武王伐纣,建立八百年周天下奠定了坚实基础。

当然,社会变革是循序渐进的过程,它不能一蹴而就,更不是靠一股热情就能奏效的。它要考虑天时地利人和等众多因素。如果不该变革而贸然行动,就会引来凶险,甚至适得其反。若到了该变革的时候不变革,就会错失良机,贻误大事。

变革成功后,对成果的维护也很重要。历朝历代在经济与政治改革获得成功后,一再强调要稳定。变革前,主要的问题是变革;变革成功后,主要的问题就在于守成,就是巩固胜利成果,持守正道,使百姓享受到变革的利益。

对于企业的发展来说,面对激烈的市场竞争,只有顺应形势积极改革,才能打败对手获得市场占有率。反之,若一味固守传统,就会掐断财富的萌芽。"当此之时,能抵为右",这可以看作是鬼谷子对人们的忠告。

收敛言行,保持节操

《抵巇》篇曰:"自天地之合离,终始必有巇隙,不可不察也。"意思是说,聚合离散是常见的事,天地万物必然会产生缝隙,不可不加以细察。

"道变,法亦变。"几千年来,中国的志士仁人常在出世与入世之间徘徊。什么时候该入世,建功立业,造福社会?什么时候该出世,藏身山林,韬光养晦?这要求人能审时度势。做任何事时机不到就不能强求,否则会弄巧成拙,甚至功亏一篑。有时候,时机未到但巧妙运作,促使形势变化发展,然后进而图之,也不失为一种谋略。

鬼谷子认为:"世无可抵,则深隐而待时。时有可抵,则为之谋。"意思是说,世道混乱,无可救药,就要"深隐而待时",世道可以挽救,就要做事立功,广济天下。"深隐而待时"并非消极等待,而是砥砺自我,不断奋进,要有"韬光养晦"的决心。

不怕有缺点,只怕看不见缺点。勤于耕耘,荒地会成良田。不然,良田也会荆棘丛生。创立事业,必在艰难困苦中磨炼心性,才能禁受冲击,挽狂澜于既倒。

战国时,孔子漂泊半生,未能施展抱负,晚年读《易》韦编三绝,对"潜龙勿用"一语有精当论述,说:"潜龙比喻像龙一样有德有才而隐居的人。世俗改变不了他的节操,他也不追逐功名;隐遁于世不会忧伤绝望,不被承认也不苦闷。能实现抱负便入世行道,感到忧虑便出世隐遁。信念坚定从不动摇,这样的君子有潜龙的德性。"

"潜龙勿用"并非完全不用,只是说条件尚未成熟,不易盲动。古人反对盲目从政,因此,有志于政的人看到"大道可行",

鬼谷子

就积极从政,为国家和民众效力。反之,就收敛言行,使自己隐藏起来,韬光养晦,保持节操。

诸葛亮未遇刘备前,除了徐庶等好友,谁也不知他是一条"卧龙"。刘备三顾茅庐后,诸葛亮不但展示了雄才韬略,也成就了刘备的蜀汉政权,从而使天下三分,鼎足而立。

飞箝第五

　　如何做到任贤唯能，这对统治者来说是一个难题。用人是否正确关系到天下兴亡、国家兴衰。识人不易，用人尤难。通过观察人的行为，进行排比分类，优缺点自然显露。通过人对于金钱美色的态度，在此基础上决定去留、任用。本篇讲述了征贤纳士的原则和方法，以及如何辨别人才的优劣贪廉。

　　飞，称颂，夸奖。箝，本指挟持，引申为牵制。所谓飞箝，是指先用言辞褒扬对方，令其有所显露，由此考察其才识，决定去留。陶弘景注："言取人之道，先作声誉，以飞扬之。彼必露情竭志而无隐，然后因其所好，牵持缄束，令不得转移也。"作为一种说服辞令，飞箝可用之于天下、用之于国、用之于家、用之于人。根据不同对象采取不同方法，运用得当就能随意操纵他人，"可箝而纵，可箝而横"，"可引而反，可引而覆"。

鬼谷子

原文

凡度权量能①,所以征远来近②。立势而制事③,必先察同异,别是非之语,见内外之辞④,知有无之数,决安危之计,定亲疏之事。然后乃权量之,其有隐括⑤,乃可征,乃可求,乃可用。

注释

①度权量能:揣度权谋,衡量能力。权,计谋。②征远来近:征召远近有才之士。③立势而制事:控制局面,制定赏罚措施。陶弘景注:"言远近既至,乃立赏罚之势,制能否之事,事势既立,必先察党与之同异,别言语之是非。"④内外之辞:内是实质,外是表面,指事情的正反两面。可理解为内在的真实之辞和外在的浮夸之辞。陶弘景注:"外谓虚无,内谓情实,有无谓道术能否,又必见其情伪之辞,知其能否之数也。"⑤隐括:原指矫正竹木弯曲的工具。引申为订正、修改之意。陶弘景注:"权之所以知其轻重,量之所以知其长短,轻重既分,长短又形,乃施隐括,以辅其曲直,如此则征之又可,求之又可,用之亦可。"

译文

运用人才,凡能做到权衡其优劣长短,就能招致远近人才为我所用。根据形势,制定赏罚措施,考察其异同之处,辨别其信息真伪,了解其内心与言辞是否一致,弄清对方是否有自己需要的才识,进而决定事关安危的计谋,确定关系亲疏。做到这些,然后权衡度量,根据情况调整和修改,使之完善,最终做到征其人,求其谋,用其人。

飞箝第五

原文

引钩箝之辞①，飞而箝之。钩箝之语，其说辞也，乍同乍异②。其不可善者③，或先征之而后重累④，或先重以累而后毁之⑤。或以重累为毁，或以毁为重累⑥。其用或称财货、琦玮⑦、珠玉、璧帛、采色⑧以事之，或量能立势以钩之，或伺候见涧而箝之⑨，其事用抵巇。

注释

①引钩箝之辞：为了诱使或挟持他人归顺自己而说的话。钩，诱致。陶弘景注："钩谓诱致其情，言人之材性，各有差品，故钩箝之辞，亦有等级。故内感而得其情曰钩，外誉而得其情曰飞。得情则箝持之，令不得脱移，故曰钩箝，故曰飞箝。"②乍同乍异：或同或异。指钩箝之辞，或捭而同之，或合而异之。③不可善者：即使运用钩箝之法也达不到目的，得不到真实情况。④先征之而后重累：先征用而后通过其言论排列比较。重累，重叠。这里指排列比较。《诗经》："将欲毁之，必重累之。"⑤先重以累而后毁之：一次飞扬不成，则多次重复，直至达到毁掉对方的目的。⑥以重累为毁，或以毁为重累：通过反复考验，使对方瓦解，最终为我所用。⑦琦玮：一种美玉。⑧采色：本指容颜、表情。这里指美女。陶弘景注："其用，谓人能从化，将欲用之，必先知其性行好恶，动以财货采色者，欲知其人贪廉也。"⑨见涧而箝之：抓住对方的错误而进行钳制。陶弘景注："量其能之优劣，然后立去就之势，以钩其情，以知其智谋也。谓伺彼行事，见其涧而箝持之，以知其勇怯也。"涧，缝隙。引申为疏漏，失误。

鬼谷子

译文

借助对方所说的言辞，引诱对方说出实情，进而做到控制对方。这种用来游说他人，得到实情的"钩箝之辞"，要根据不同情况灵活运用。如果用了"钩箝之辞"也达不到目的，就要先征用其人，将其所谈相互连缀而得其条理。通过排列比较，就其所短而谤之。或者通过所谈言辞排列比较，使其短处自现。或者通过排列比较，发现其优点。以上所述，最终都是为了控制对方。那些通过考察并加以任用的人，有时还可用财物、宝石、美玉、丝帛和美女来试探，看其是否动心，或者衡量其才能高低、才识优劣，从而决定去留；或者抓住对方疏漏进而控制。控制对方要使用"抵巇"的方法。

原文

将欲用之于天下[1]，必度权量能。见[2]天时之盛衰，制[3]地形之广狭，岨崄之难易，人民货财之多少，诸侯[4]之交孰亲孰疏、孰爱孰憎。心意之虑怀。审其意，知其所好恶，乃就说其所重[5]，以飞箝之辞，钩其所好，以箝求之。

注释

[1]用之于天下：运用"飞箝术"来治理天下。陶弘景注："将用之于天下，谓用飞箝之术，辅于帝王。度权量能，欲知帝王材能可辅成否。天时盛衰，地形广狭，人民多少，又欲知天时、地利、人和，合其泰否。诸侯之交，亲疏爱憎，又欲知从否之众寡。"[2]见：明察，明鉴。[3]制：控制，掌握。[4]诸侯：先秦对中央政权分封各国国君的统称。周朝分公、侯、伯、子、男五等。[5]说其所重：游说其所重视的问题。

飞箝第五

译文

运用"飞箝"的方法来治理天下,则要权衡人才的优劣长短,善加运用。明察各种势力的兴亡盛衰,掌握山川地理形势,弄清险要地形是否宜于攻守,以及各国人口数量和经济状况,各诸侯国之间的亲疏爱憎。心中所虑以及心中所想,经过仔细审查,便知哪些为善,哪些为恶。了解这些,然后从对方最看重的事入手加以游说,运用"飞箝之辞"使其透露心中所好,进而对其加以控制。

原文

用之于人①,则量智能、权财力、料气势,为之枢机②,以迎之随之,以箝和之,以意宣之,此飞箝之缀③也。用之于人,则空往而实来④。缀而不失,以究其辞。可箝而从,可箝而横;可引而东,可引而西;可引而南,可引而北;可引而反,可引而覆。虽覆能复,不失其度⑤。

注释

①用之于人:将"飞箝术"用于人际交往。②枢机:指事物的关键。枢,门轴。机,枢纽。《易·系辞》:"言辞,君子之枢机。枢机之发,荣辱之主也。"③缀:连结。也可解释为补充。用之于人,谓用飞箝之术于诸侯也。陶弘景注:"量智能、料气势者,亦欲知其智谋能否也。枢,所以主门之动静,机,所以主弩之放发,言既知其诸侯智谋能否,然后立法镇其动静,制其放发,犹枢之于门,机之于弩,或先而迎之,或后而随之,皆箝其情以和之,用其意以宣之。如此则诸侯之权,可得而执,己之恩信可得而固,故曰飞箝之缀也。谓用飞箝之术连于人也。"④空

往而实来：用好听的空话，得到对方的实情。陶弘景注："用之于人，谓以飞箝之术任使人也。但以声誉扬之，故曰空往，彼则开心露情，归附于己，故曰实来，既得其情，必缀而勿失，又令敷奏以言，以究其辞，如此则从横东西，南北反覆，惟在己之箝引，无思不服也。"⑤虽覆能复，不失其度：运用飞箝术和人沟通交流，只要善于引导就可使对方受我控制。陶弘景注："虽有覆，败必能复振，不失其节度，此箝之终也。"

译文

运用"飞箝"的方法游说他人，要衡量对方的智慧和才能，权衡对方的实力，估量对方的气势，这是至为关键的事。进而运用"飞箝"的方法迎合对方，顺从对方，从而控制对方，用对方的意图来宣传自己，这就是妙用"飞箝"以控制他人的手段。

运用"飞箝"的方法游说他人，实际上是用言辞来得到对方的实情。控制对方可以用合纵的方法，也可以用连横的策略；可以引对方向东，也可以引对方向西；可以引对方向南，也可以引对方向北；可以使对方从原路回去，也可以再引导他回来。当然，运用这种方法灵活恰当，即使对方有所反复，自己也可加以控制，使之恢复，这便是"飞箝"的准则。

鬼谷子事典

以才取人，破格用人

《飞箝》篇："用之于人，则量智能，权材力，料气势，为之枢机。"飞，指放纵言辞，纵横跌宕。箝，指钳制，挟持。飞箝，有纵横开阖之意，指用言辞来牵引对方，使其有所显露，由此考察其才识，决定是去是留。做到知人善用，关键在于衡量其才识、能力,以作取舍。作为统治者而言,如果不能有效鉴识人才,哪怕身边人才济济,也会视而不见。识别人才,可用钱财、玉石、美女来试探,检验其是贪婪还是廉洁。

楚国有个叫卞和的人,曾两次向楚王献玉。他所献的玉石朴实无华,当时的楚厉王、楚武王有眼无珠,不识宝玉,还砍去了卞和的双足。楚文王即位后,召卞和进官。后来,这块玉石被雕琢出来,称为"和氏璧"。

真正有才能的人,就像和氏璧一样,看上去平淡无奇,实则拥有珍贵的价值,只有被发现和任用,才能展现其才华和价值。人们常说,"千里马常有,而伯乐不常有",这个故事说明,有一双善于识人的双眼是很难得的。治理国家需要人才,这关系国家的兴衰。墨子云:"国有贤良之士众,则国家之治厚。贤良之士寡,则国家之治薄。"可见人才的重要性。人才是一种财富。

古代杰出的政治家大都善于用人,唐太宗李世民便是如此。唐太宗认为"致安之本,惟在得人"。他选人不论出身,只求任人唯贤,既有原秦王府的臣僚,也有政敌和出身低微的寒士。由于唐太宗能"拔人物不私于党",以才取人,破格用人,所以太宗时人才济济,如房玄龄、杜如晦、魏征等等。人才的使用,促成了政治稳定、经济繁荣,进而形成了"贞观之治"的盛世局面。

纵观历史,因为用人不当而导致失败的事也有很多。北宋王安石在神宗的支持下变法。起初轰轰烈烈,最终却归于失败。失败的原因,除了社会、政治原因外,王安石识人不准、用人不当是原因之一。王安石的重要支持者与助手,多属于人品不正者,甚至有的进了《宋史·奸臣传》。用一些人品不好、胸怀私心的人进行变法,再好的设想也得不到正确实施。

清代时曾国藩统帅湘军攻占南京,平定了太平天国起义,挽

回了清王朝的垂危之局，战功卓越。他之所以取得成功，最重要的便是重视人才的使用。他认为"国家之强，以得人为强"，并说善于审视国运的人，"观贤者在位，则卜其将兴；见冗员浮杂，则知其将替"。将人才问题提到了关系国家兴亡的高度，把选拔、培养人才作为挽救统治危机的重要措施。

作为领导者，要想成功，必须善于发现人才，网罗人才，礼贤下士，并且大胆使用人才，因才授职，尽其所长。如果不善用人才，即使人才多如过江之鲫，在实际中也发挥不出应有的作用。

以退为进，以弱制胜

所谓立势制事，必须察同异，别是非。处于险境时，面对强大的对手，不要鸡蛋碰石头，以硬对硬。有时候，无望的抗争不如默默等待。只有暂时屈从才能使形势朝有利的方向发展，这是趋利避害，保存自身。相反，不顾现实，盲目自大，只有死路一条。在敌强我弱、形势不利的情况下，保全实力、东山再起，这是一种计谋，是明智之举。

秦朝末年，刘邦先行入关，占领了秦都咸阳。按照先前项羽与各路义军的约定，"先入关中者为王"，刘邦喜不自禁，大家也欢呼雀跃，振臂响应。萧何却提醒刘邦不要轻信约定，而忘了强敌的存在。群雄争霸，实力最重要。项羽拥兵数十万，野心最大，如果贸然称王，他自然不服，其他群雄也不会相让。

这时，项羽的谋士范增摆下鸿门宴，以便借机除掉刘邦。刘邦带着随从，硬着头皮前去拜见项羽，赔礼道歉说："我虽入关，但一切事务并不敢擅作主张，只等将军发落。将军勇猛无敌，天下敬仰，这是人心所向。"项羽听了很高兴，终于没有痛下杀手。

过了一会，刘邦借上厕所离开宴席，终于逃脱了大难。刘邦能够逃离虎口，靠的是屈从和赞扬。通过赞扬，使对方难以下手，以此来钳制对手。在弱肉强食的社会，强者尊贵，弱者低下，这是不争的事实。强者以其雄厚的实力做依托，一时的屈从与赞扬会搅乱其戒备之心，麻痹其心智。

鬼谷子认为，用飞箝的方式对付他人，首先要审察、揣摩他的心意。探知对方的好恶后，当强则强，当弱则弱，便能进退从容，轻松实现目的。有时候，以弱者的身份与人交往，更能打动他人，获取成功。靠示弱来保存自己，最后击败对手取得胜利，是妙用飞箝以牵制对手的方式之一。当然，以退为进、以弱制胜是一个漫长的过程，需要耐心等待时机。

以"飞箝"的方法进行妥协，表面屈服对方，暗中伺机行事。"留得青山在，不怕没柴烧"，忍让一时，把眼前的灾祸消除，才能担起更大的责任。

抛弃智计，推心置腹

在现实社会，无论政治、经济，还是军事、外交，掌握和运用"飞钳术"，仍然具有重要的意义。使用巧妙的言辞套住对方，以控制对方的言行，但要注意不要使对方察觉。先用"飞"的方法诱出对方爱好之所在，再用"钳"的方法控制住对方。比如，论辩时通过言语激怒对方，使其产生情绪变化，这也是一种计谋，也是一种手段。

所谓飞箝，就是通过言语以及策略来收服人心，使对方为我所用。正确运用可以纵横驰骋，建功立业。古往今来，许多人凭此身显一时，名垂青史。作为统治者而言，要心怀宽广，有所包容，才能天下归心。统率他人要发挥自身的影响力，虚怀若谷既是重要的思想作风，也是一种谋略手段。"君子之德如风"，宽容大度必能感召部属，赢得尊敬。

鬼谷子

鬼谷子认为:"用之于人,则空往,而实来。"仅仅用语言赞美使对方打开心扉只是一方面,还要拿出诚意使对方感动。与人交往,诚信很重要。以诚待人,以信取人,这也是传统美德。抛弃智计,推心置腹,便能使人信服。反之,用高压措施无法征服人心,终会徒劳无功。

用人是一种计策,更是一门艺术。如能巧妙使用,必能呈现强大的功效。凡能掌握鬼谷子"飞箝"之术的人,必能掌握问题的实质,把握处理问题的度,从而做到该紧则紧,该松则松;该柔则柔,该刚则刚,使事物朝着有利于自己的方向发展。

感情投入,获得拥戴

解决实际问题时,要对他人多加宽容。这是一种积极的心态,体现了个人的修养和内涵。宽容是一种处世哲学,也是一种思想境界。"海纳百川,有容乃大;壁立千仞,无欲则刚。"

欲成大业,人才的重要性不言而喻。若是缺乏人才相助,或有人才而不能善加运用,必然难以成就事业。如何让各种人才为己所用,这是领导者要面对的重要问题。

汉高祖刘邦曾是个地方小吏,甚至还有点好吃懒做,不务正业。然而,他却能够成为汉朝的开国皇帝,是因为有张良、萧何等人的辅佐。知人善任并能驾驭,方可成就大业。刘邦善于使用人才,张良、萧何等人,甘愿受其驱使。韩信、陈平等曾是项羽部下,归附刘邦后都受到重用。

刘邦和项羽争夺天下时逐渐由劣势转为优势,领兵追击楚军,派人与韩信、彭越约定日期会师。到了约定日期,韩信、彭越的军队却没有到来。刘邦孤军深入,只好坚守壁垒。张良分析了当时形势,说:"楚军眼看要完了,韩信和彭越还没得到封地。两人功勋卓著,本应封王,如果允诺灭楚后封王,他们必定前来助战。这样，几路大军联合，消灭楚军就易如反掌了。"刘邦依计而行，韩信、彭越很快出兵，几路大军会师垓下，十面埋伏，消灭了项羽残部，逼得项羽自杀。刘邦终于登上了皇帝宝座。

贤明的君主必能审时度势、从谏如流，刘邦具备了这两点，并用感情投入的方式，维系自己与大臣的关系，这也是张良等人甘愿效力的原因。

刘备三顾茅庐，诸葛亮心怀知遇之恩，尽心竭力辅佐。最后六出祁山，北伐中原，积劳成疾，病死五丈原。诸葛亮的一生，可谓是"鞠躬尽瘁，死而后已"，这固然是他有匡扶汉室之志，而刘备的善施恩德也发挥了重要作用。

感情投入不是收买人心的把戏，它包含着一些基本原则。只有让人们切实获益，才会得到真心拥护，并发自内心愿意跟随。总之，要想留住人才，就必须善于感情投入。当今社会，感情投入是一种有效的手段，富有人情味的上司必能获得衷心拥戴，由此调动员工的积极性，激发他们去努力工作，为事业发展尽心尽力。

先予后取，以退为进

老子在《道德经》中说："将欲去之，必固举之；将欲夺之，必固予之。将欲灭之，必先学之。"大意是想要夺取，必须给予。这句话流传至今，变成了"欲先取之，必先予之"。

简简单单的八个字，道出了亘古不变的处世哲学。想从别人那里得到东西，必须先给予他想要的，这样心里才踏实。前期付出的成果如何，直接关系到目标的实现。

采用"先予后取，以退为进"的谋略，不计当前利益，着重长远利益，是为了更大的发展。对企业的发展来说，任何"单向忠诚"都是不存在的。企业需要信任知识型员工并合理适度的授

权以增强员工的责任感和使命感,从而提升他们对企业的忠诚度。

同样,企业若想从消费者身上获得利益,就要对消费者尽心服务。一个企业的售前服务,体现了其综合能力。

忤合第六

忤，抵触、背逆。合，顺应、符合。忤合就是以反求合的意思，指欲达目的，实现愿望，必曲折求之，或以此求彼，或欲取先予。这里指以忤求合，先忤后合。忤合的实质是指在游说的过程中，准确判定形势，灵活决定立场，知道联合谁、反对谁，做到知己知彼，进退自如，牢牢掌握主动权。陶弘景注："大道既隐，正道不得，坦然而行，故将合于此，必忤于彼，令其不疑，然后可行其意，若伊、吕之去就是也。"

世事纷杂，万物皆在不断变化发展，正所谓"世无常贵，事无常师"。一般来说，使用计谋难以两全，合于此则离于彼，反之亦然。如何才能做到万全之策呢？这便需要运用忤合之术了。运用此术的前提是要对自身的特长和缺点有充分了解，才能施之于人，用于不如己者，方能做到纵横开阖，进退自如。具体情况具体分析，把握事物的变化，主观能动性十分重要，只有巧用智谋，才可以改变事物的发展方向，取得正面难以达到的效果。

鬼谷子

原文

凡趋合倍反①，计有适合。化转环属②，各有形势。反覆相求，因事为制③。是以圣人居天地之间，立身、御世、施教、扬声、明名④也，必因事物之会，观天时之宜，因知所多所少，以此先知之，与之转化⑤。

注释

①趋合倍反：趋向合一，相当于"合"。倍反，即背反，相当于"忤"。倍，同背。陶弘景注："言趣合倍反，虽参差不齐，然施之计谋，理乃适合也。"②化转环属：事物变化转动如圆环，无论去留，各有其理。③因事为制：根据事物变化做多方探究，根据情况确定应对方法。④施教、扬声、明名：圣人处天地之间，存心治世，以施教扬名。⑤以此先知之，与之转化：圣人预先察知存亡祸福之源，并加以转化推移，才能"得天下之权"，在纷繁的世事中立于不败之地。陶弘景注："所多所少，谓政教所宜多、所宜少也。既知多少所宜，然后为之增减，故曰以此先知，谓用倍反之理知之也。转化，谓转变以从化也。"

译文

事物之间的关系有正有反，有顺有逆，制定谋略时要根据情况，使之符合事理。事物间运转如环，各有形势，要反复探求，根据具体情况制定措施。所以，圣人在天地之间，存身治世，施行教化，宣扬名声，必须因循事物发展的机遇，天时的变化和趋势，以及国家的有余和不足。圣人依据忤合之术，预知事情的发展方向，根据形势变化做相应调整。

忤合第六

原文

世无常贵，事无常师①。圣人无常与，无不与；无所听，无不听②。成于事而合于计谋，与之为主③。合于彼而离于此，计谋不两忠，必有反忤④。反于此，忤于彼；忤于此，反于彼。其术也。用之于天下，必量天下而与之；用之于国，必量国而与之；用之于家，必量家而与之；用之于身，必量身材能⑤气势而与之。大小进退，其用一也⑥。必先谋虑计定，而后行之以飞箝之术⑦。

注释

①世无常贵，事无常师：世间没有永远的尊贵，也没有一定的法则。要用发展变化的眼光看世界。陶弘景注："能仁为贵，故无常贵；立善为师，故无常师。"②圣人无常与，无不与；无所听，无不听：圣人常有作为，所以无所不为。圣人不盲目听从，所以无所不听。③与之为主：圣人于事必成，于谋必合，如此者与众立之，推以为主。或指各为其主。④必有反忤：指智谋难以兼顾，不能同时忠于两方，必然会有矛盾抵触。反，背反；忤，抵触。⑤材能，才质和能力。⑥大小进退，其用一也：施用计谋，虽然有大小进退的差异，但其宗旨是一致的。陶弘景注："用之者，谓用反忤之术。量者，谓其事业有无。与，谓与之亲。凡行忤者，必称其事业所有而亲媚之，则暗主无从而觉，故得行其术也。所行之术，虽有大小进退之异，然而至于称事扬亲则一，故曰其用一也。"⑦飞箝之术：察看对方言论是非，并加以钳制。陶弘景注："将行反忤之术，必须先定计谋，然后行之，又用飞箝之术以弥缝之也。"

鬼谷子

译文

世上没有永远的尊贵，也没有一成不变的法则。圣人常有作为，所以无所不为。圣人不盲目听从，所以无所不听。要想成就事业，就要使计谋切合实际，处于主动的地位。一般来说，施行计谋难以同时兼顾，不能同时忠于敌对双方，必定会有相合、相离的情况出现。与此相合，必定与彼相离；与彼相离，必定与此相合。忤合术运用于天下，必须根据天下的具体情况，确定施行的谋略；运用于治理诸侯国，必须根据诸侯国的情况，确定施行的策略；运用于管理卿大夫之家，必须根据卿大夫之家的情况，确定具体的方法；运用于自身的人际交往，必须根据个人才能、气质和秉性，确定施行的方法。无论用之于家国还是个人，虽有大小之别，但进退的原则都是一致的。施行忤合术，必先设定切实的计谋，然后附之以"飞箝"之术，以弥补缝隙。

原文

古之善背向者，乃协四海，包诸侯，忤合①之地而化转之，然后求合。故伊尹②五就汤，五就桀，而不能有所明，然后合于汤；吕尚③三就文王，三入殷，而不能有所明，然后合于文王。此知天命之箝④，故归之不疑也。

注释

①忤合：逆合。《淮南子·人间》："故圣人先忤而后合，众人先合而后忤。"陶弘景注："言古之深识背向之理者，乃合同四海，兼并诸侯，驱置忤合之地，然后设法变化而转移之，众心既从，乃求其真王，而与之合也。"②伊尹：名挚，辅佐商汤征伐夏桀，被尊为阿衡（宰相）。③吕尚：姜姓，吕氏，名尚，即姜

忤合第六

太公，辅佐文王、武王伐纣，被封于齐。伊尹、姜尚先后受命于明君暗主，观察其对待人才的态度，在正反比较中，找到适合自己的位置。④天命之箝：顺应潮流，受命于天。这里是说伊尹辅佐商汤，姜尚辅佐文王，是因为他们知道天命所归，君臣相知不疑。

译文

古代深谙背向之理的人，可以协同四海，掌控诸侯，驱之于忤合之地，因循形势而设法化转，然后使之改变方向，与贤君明主相契合。因此，伊尹五次投靠商汤，五次投靠夏桀，不能昭明其志，最终受用于汤；姜尚三次投奔文王，三次投奔殷商，不能昭明其志，最终知遇于文王。他们运用"忤合"认清了天命所在，所以归附明主而不再怀疑。

原文

非至圣达奥，不能御世；非劳心苦思，不能原事①；不悉心见情，不能成名；材质不惠，不能用兵；忠实无真，不能知人。故忤合之道，己必自度材能知睿②，量长短远近孰不如。乃可以进，乃可以退，乃可以纵，乃可以横③。

注释

①原事：观察事物的本源。潜思事物之理，以见微知著。②自度材能知睿：估量自己的才干和能力。鬼谷子认为，忤合之道必须充分了解自身情况和对方实力，只能施于不如自己的对手。陶弘景注："夫忤合之道，不能行于胜己，而必用之于不我若，故知谁不如，然后行之也。"③乃可以进，乃可以退，乃可以纵，乃可以横：指施展计谋进退自如，从心所欲。陶弘景注："既行

忤合之道于不如己者，则进退纵横，唯吾所欲耳。"

译文

所以，如果不能达到圣人那样深奥的境界，就不能治理天下；不费心竭思，就不能推本溯源，弄清事情的根本。不悉心探究自己的才情，就不能宣扬声名。才识和素养不够，就不能带兵打仗，运筹帷幄。待人不够真诚，就不能认知他人。所以，运用"忤合"的方法，必须全面考察自己的才能和智慧，了解自身的优势和不足，确定对方不如自己才可实施。全面掌握情况才能做到纵横捭阖，进退自如。

鬼谷子事典

实事求是，灵活多变

俗话说："良禽择木而栖，贤臣择主而事。"然而，社会生活纷繁无序，利害关系错综复杂，要在千头万绪中做出正确判断，选择明主而仕，不是件容易的事。鬼谷子认为，谋略之士应根据形势变化做出相应决策，具体问题具体分析，实事求是，灵活应变。《忤合》篇曰："反覆相求，因事为制"，就是根据事态的发展，通过正反比较决定取舍，找到合适的位置。明白了这一点，就能做出有利的选择。

"故伊尹五就汤，五就桀，而不能有所明，然后合于汤。吕尚三就文王、三入殷朝，而不能有所明，然后合于文王。此知天命之箝，故归之不疑也。"伊尹，名挚，辅佐商汤征伐夏桀，被尊为阿衡（宰相）。吕尚，姜姓，即姜太公，辅佐周文王、武王伐纣，被封于齐。伊尹、姜尚都出身平民，怀才不遇，壮志未酬，最后终遇明君，得以施展抱负。

忤合第六

事物的变化发展如连环,但其去留,各有态势。对事物的变化之理,做多方探究,根据具体事实,确定应对的方法。这体现了作者实事求是、灵活多变的谋略思想。愚蠢的人不明形势,只会昏昧处世;聪明的人则会衡量利弊,慎重选择。当今社会,团队合作是一种精神,它源于内部的信任,其精神价值难以估量。贤臣择主而投,进而上下协作,发挥集体的力量,这是推动事业发展、时代前进的不竭动力。西谚说:"没有永远的朋友,也没有永远的敌人。"因此,凡事要根据形势来判断,并加以灵活运用,这是鬼谷子《忤合》篇中的思想精华。

以此求彼,欲取先予

鬼谷子认为,要达到某种目的,实现意愿,必须曲折求之,以此求彼,欲取先予。战国时的苏秦是鬼谷子的学生,他游走于六国之间,纵横捭阖,其"合纵"策略正是实践了这一理论。

苏秦字季子,东周洛阳人,曾与张仪共同拜鬼谷子为师。当时,列国之中,齐、楚、燕、韩、赵、魏、秦最为强盛,而七国之中秦国最强。于是,苏秦经过反复思考,形成了促成六国结盟以共同对抗秦国的战略思想,即"合纵"策略。

苏秦首先来到相对弱小的燕国,他对燕文侯陈述了燕国与其他国家结盟的必要性,所谓"夫不忧百里之患而重千里之外,计无过于此者",建议燕国先与赵国结好,然后再与其他国联盟,这样燕国就能保证安全了。

燕文侯被他的口才和言论打动,于是拿出车马、金帛助他去赵国游说。苏秦来到赵国后,以燕国使者身份觐见赵侯。他向赵肃侯指出,秦国强大,早有入侵中原之念,凭借各国实力,都难以单独抵抗,如果各国争相讨好秦国,势必被秦国击破。若各国联合,则"地五倍、兵十倍于秦",攻一国而各国援助,则秦虽

强,也不敢妄动。于是,赵侯采纳了苏秦的建议,并拜苏秦为相国,派他去游说各国,以订立合纵抗秦的盟约。

苏秦又以赵国使者的身份,去其他各国陈说利害,并得到各国君主的认同。回到赵国后,苏秦被封为武安君,可谓"不鸣则已,一鸣惊人",凭借自己的口才促成了六国同盟。不久,六国国君于赵国洹水歃血为盟,合纵抗秦,封苏秦为"从约长",佩六国相印,并派人将六国盟约之事向秦国通报。自此,秦国有15年之久不敢越函谷关一步。

把握机会,回旋制胜

"忤合"是灵活应变的谋略。作为谋臣辩士,应在深藏中寻求平衡,在刚柔之中回旋制胜,在取舍之中揽心集权,在时势之中把握机会。鬼谷子认为,世间万物无不处在变化之中,圣人应该无所不为,无所不听,善于"向背",精于"忤合"。

张仪和苏秦本是同窗好友,两个人都拜在鬼谷子门下。苏秦创立了"合纵"策略,游说六国共同抗秦,张仪则施以"连横"策略,游说六国亲近秦国,拆散合纵盟约。

战国末期,群雄并起。东方六国的"合纵"抗秦,尤其令秦惠王感到头痛,于是接受了张仪的策略,实行"连横"策略以瓦解六国同盟。张仪被秦惠王拜为相国,首先来到魏国,向魏王软硬兼施、打拉结合,终于使魏王背弃合纵之约,转与秦国结盟。然后,张仪又出使楚国,意图是瓦解齐楚联盟。

张仪见到楚王后,承诺秦国把商于之地六百余里归还楚国。张仪的话打动了楚王,他不顾大臣反对,授张仪相印,与齐国断交,并派人随张仪回秦国取商于之地。回到秦国后,张仪三个月不露面。楚王为表示自己与齐国彻底绝交,派人到齐国大骂齐王,齐王大怒,遂决定与秦结盟。

这时，张仪才告诉随行的楚国将领，自己承诺楚王的，是自己的奉邑六里，而不是商于之地六百里。楚王得知大怒，起兵十万攻秦，却被齐、秦联军击败，损失惨重。楚王不甘失败，重新调集兵力攻打秦国，结果再次惨败，只好割地与秦讲和。

巧用计谋，可以促成事物的发展。可以说，张仪的"连横"是"忤合"术的绝妙运用，并最终打破了苏秦的合纵策略，有效瓦解了六国同盟，成为秦灭六国、统一天下的基本战略。

未雨绸缪，走向成功

圣人依据主客观条件，以决定策略的增减，预测事物的发展端倪，进而加以调控。具备了这种超前意识，并予以变化，就能在纷繁的世事中处于主动地位。

成就事业，除了勤奋和努力，还要善于把握机会，这就是鬼谷子所说的"因事物之会"。只有提前准备，未雨绸缪，相信自己，才不会徒然错过时机。

其实，每个人都有机会走向成功。善于把握机会，是成功者的必备要素之一。现实生活中，有不少人吃不到葡萄就说葡萄酸。他们能力有限，做事情不成功，就说时机不成熟。等自己有了能力，又不能很好把握机会。这是人生的遗憾。

预先做好准备，才能应对发生的事情。等到一发不可收拾，再去采取措施，一切为之晚矣。当形势尚未成熟，或自己能力确实不足的时候，也没必要冒险，只要退守一边静观其变就好。正所谓："觉迷途之未远，知来日之可追。"当不具备穿越险境的能力，退回来也许是最好的办法。在等待中耐心观察，磨炼自己，时机总会到来。沧海横流方显英雄本色，但要看准时机，伺机而动，风云际会才可大有作为。

战国末期，秦将李信率军攻打楚国，开始时连克数城，锐不

可当。后来,李信中了楚军伏兵之计,狼狈而逃,秦军损失数万。秦王起用老将王翦。王翦陈兵于楚国边境,修筑城池,摆出坚壁固守的姿态。一年后,楚军斗志松懈,认为秦军不过是防守自保,于是决定东撤。王翦见时机已到,下令追击正在撤退的楚军。楚军大乱,将士分离,顿时崩溃。秦军乘胜追击,势不可挡。王翦之胜,就在于抓住了进攻时机,一战而胜。

现代社会,在市场经济的条件下,竞争是必不可少的。这需要考察市场,掌握丰富的信息资源,一旦商机出现,就要果断决策,及时出手。借他人之力开辟财源,其实也是忤合术的灵活运用。把握了时机,采取相应行动,就能占有市场,走向成功。

反忤的要点在于:"不劳心苦思,不能原事;不悉心见情,不能成名。"意思是说如果不用心苦思,就不能揭示事物的本来面目;如果不专注考察事物的实情,就不能功成名就。对此,应进行周密的思考,依据现实环境,制定切实的措施,从而掌握主动权,一举制胜。

迷惑对手,减轻阻力

《忤合》篇说:"成于事而合于计谋,与之为主。合于彼而离于此,计谋不两忠,必有反忤。"意思是要办成事,实现计谋,不能同时忠于两个对立的君主,必然要违背其中一方的意愿。这就是"忤合"之术。

楚国大将伍子胥,因父兄被楚王枉杀逃到吴国,知道专诸很有本事,便与他结为好友。伍子胥晋见吴王僚后,游说吴王攻打楚国,但因为公子光阻挡,没有成功。公子光不满吴王僚继承王位,打算杀掉吴王僚,自立为王。伍子胥看透了公子光的心思,于是把专诸推荐给公子光,公子光得到专诸后,尊其为宾上客。

这年春天,吴王僚派两个弟弟率军入楚,结果被楚军断了后路,吴军被困在楚国境内,不能回国。公子光认为时机已到,于是埋伏了武士,备办酒席宴请吴王僚。吴王僚派出卫队,从王宫直到公子光的家里,门户、台阶两旁都是吴王的亲信,夹道站立的侍卫,手中都举着长矛。

公子光陪着吴王喝酒,让专诸把鱼肠剑放到鱼肚子里,然后以厨师的身份端着鱼上来拿出鱼肠剑,刺死了吴王僚。混乱中,专诸被吴王僚的侍卫杀死。公子光趁机放出埋伏的武士,将吴王僚的部下全部消灭。翦除了吴王僚后,公子光自立为国君,就是历史上有名的吴王阖闾。阖闾封专诸的儿子为上卿。

按照鬼谷子的观点,合乎一方利益,必然要背叛另一方利益。忠孝不能两全,绝对的两全其美是很难的。专诸为了效忠公子光,必然要背叛吴王僚,这说明了忤合难以两忠的论说。计谋不能两全,必要时要以假相迷惑对手,以减轻阻力,实现目的。尽管忤合是一柄双刃剑,控制不好反会伤到自己,但在混乱的政局,运用忤合思想,施展谋略适当取舍,可使自己脱颖而出。这种以忤求合的反忤术,是最有效的智谋,也是本文论述的中心。

避免冲动,和气生财

运用"忤合",关键是要把握分寸,当忤则忤,当合则合。"忤合"是一对矛盾体,若能灵活掌握,就能将事情做到最好。倘若失其方寸,则容易受到挫折。比如只知忤而不知合,势必缺乏控制,无论从哪个角度来讲都没有好处。

中国人以"和"为主,和气可以生财,家和则会万事兴,社会要和谐稳定。可见,"和"的重要性。无论有权势的人,还是平常百姓,都需要与人肝胆相照、和睦相处,才能使事业不断发展。

就经商而言,大家相互帮衬,气氛融洽,和气才能生财。将

鬼谷子

主要精力放在开拓市场、调动资金、广告宣传等方面，而不是暗中算计，勾心斗角，就会最大程度减少内耗。

生意场上，与同行不应做冤家，对顾客更应以礼相待。冤家宜解不宜结，与其给对方一点颜色，不如给对方留个大肚能容的印象。经商以赚钱为目的，争执不过是要出口气，却会因此断送客源，可谓得不偿失。人皆有好胜之心，这无可非议，但为了点琐事而火冒三丈，不仅影响自己的形象，还会砸了自己的饭碗。所以，要避免一味冲动，莽撞行事。

良好的人际关系是成功的必然要素，无论何时，都要与身边的人保持友善的关系。当付出得不到同等的回报时，不要心理不平衡，由此产生负面情绪。要敞开心扉，真诚待人，不必苛求结果。

揣篇第七

揣篇,指揣度人情事理,以推测事物发展方向。本篇分为量权、揣情两部分。量权,权衡各方利弊得失,然后做出正确分析,以定决断取舍;揣情,观察人物外在表现,判断其内心想法。通过对量权和揣情的理论分析和操作方法,为谋略游说之士提供明确的指导。

本篇所论,就是告诉人们要善于揣摩他人的心思。实际运用时要细心观察,运用得当,以揣摩君主心意获得富贵功名。若是使用不当,则会适得其反,使人立于贫贱之地。可见,无论成败得失,全在于揣摩。揣摩人情世故是施展谋略的根本,是游说他人的前提。

鬼谷子

原文

古之善用天下者，必量天下之权而揣诸侯之情。量权①不审，不知强弱轻重之称；揣情②不审，不知隐匿变化之动静。何谓量权，曰：度于大小，谋于众寡，称货财有无之数，料人民多少，饶乏有余不足几何；辨地形之险易，孰利孰害；谋虑孰长孰短；揆君臣之亲疏，孰贤孰不肖；与宾客③之知慧④，孰少孰多；观天时之祸福，孰吉孰凶；诸侯之交，孰用孰不用；百姓之心，去就变化，孰安孰危，孰好孰憎。反侧孰辩，能知此者，是谓量权。

注释

①量权：度量权衡。②揣情：揣摩情势。③宾客：客人。这里指谋士、幕僚。④知慧：智慧。陶弘景注："天下之情，必见于权也。善于量权，其情可得而知之。知其情而用之者，何适而不可哉。"

译文

古代善于统驭天下的人，必能审察国家的发展态势，揣测各诸侯王的内心想法。如果不能做到审时度势、权衡利害，就不能明了各诸侯王的强弱轻重以及实力；如果不能准确揣测各诸侯王的真实情况，就不能明白其隐秘的真实想法以及应变策略，形势走向。什么叫量权？就是能考虑一下国家地域的大小，谋士的多少，估量国家物产资源和国家财富的数量，预测人口数量的多与少，物资丰饶或匮乏，有余或不足的具体情况；辨识国家山川地理的险易，乃至利害情况；衡量国内谋士的优劣长短，君臣关系的亲或疏，发现大臣中谁贤谁不贤；国内宾客的智谋情况，是多是少；观测天时的祸福状况，是吉是凶；诸侯之间的交往，哪个可以利用，哪个不可以利用；百姓之心，是背离还是靠拢，何时安全，何时危险，以及老百姓喜爱什么，憎厌什么。对以上情况反复辨识并准确把握，知道如何去行动，才算做到了量权。

原文

揣情者，必以其甚喜之时，往而极其欲也。其有欲也，不能隐其情；必以其甚惧之时，往而极其恶也，其有恶①也，不能隐其情。情欲必出其变。感动而不知其变者②，乃且③错其人，勿与语而更问其所亲，知其所安④。夫情变于内者，形见于外。故常必以其见⑤者而知其隐者，此所以谓测深揣情⑥。

注释

①有恶：有所憎恶的人或事。陶弘景注："夫人之性，甚喜则所欲著，甚惧则所恶彰，故因其彰著，而往极之，恶欲既极，则其情不隐，是以情欲因喜惧之变而失也。"②感动而不知其变者：那些内心有所感动却不能观察其喜怒变化的人。③且：暂时，暂且。④所安：安身立命的根据。陶弘景注："虽因喜惧之时，以欲恶感动，尚不知其变。如此者，乃且置其人，无与之语，徐徐更问斯人之所亲，则其情欲所安可知也。"⑤见：显现。⑥测深揣情：猜测准确，把握事理。陶弘景注："夫情貌不差，内变者，必见外。故常以其外见，而知其内隐。观色而知情者，必用此道。此所谓测深揣情也。"

译文

揣摩人们内心的隐情，必须在其极为高兴时加以迎合，引发其欲望，有了欲望，就不能隐藏内情；必须在其极为惧怕时加以考察，使其憎恶，有了憎恶，就不能隐藏内情。人的种种欲求，往往

在其情绪极端变化时不自觉地显露出来。如果一个人的情感有所触动，却不显露于形色，就暂时放开不要和他说话，而向他身边的人询问，就可以知道其内心不为所动的原因。一般来说，心中充满欲求，必然表现于外。通过察言观色，便能了解人们内心的隐情。这就是"探测内心以获真情"的道理。

原文

故计国事者①，则当审权量；说人主②，则当审揣情。谋虑情欲必出于此。乃可贵，乃可贱；乃可重，乃可轻；乃可利，乃可害；乃可成，乃可败。其数一也③。故虽有先王之道、圣智之谋，非揣情，隐匿无所索之。此谋之大本也，而说之法也。

常有事于人，人莫能先，先事而生④，此最难为。故曰揣情最难守司⑤。言必时有谋虑。故观蜎飞蠕动⑥，无不有利害，可以生事⑦。美生事者，几之势⑧也。此揣情饰言成文章，而后论之也。

注释

①计国事者：谋划国家大事的人。②人主：君主。陶弘景注："审权量，则国事可计；审揣情，则人主可说。至于谋虑情欲，皆揣而后行，故曰谋虑情欲，必出于此也。"③其数一也：意谓策士善于揣情则贵贱、成败皆玩弄于股掌之间，无所不能。④先事而生：指以谋为先，做到决策在前，行事在后。策略谋划在前，则事情易于成功；毫无计划，莽撞行事，只会到处碰壁。陶弘景注："挟揣情之术者，必包独见之明，故有事于人，人莫能先也。又能穷几尽变，故先事而至，自非体元极妙，则莫能为此矣。故曰此难为也。"⑤揣情最难守司：揣测人情最难掌握。陶弘景注："人情险于山川，难于知天。今欲揣度而守司之，不亦难乎！故曰揣情最难守司。谋虑出于人情，必当知其时节。此

其所以为最难也。"⑥蜎飞蠕动：小虫子或快速飞行或缓慢蠕动。⑦生事：发生事态。俞樾《读书余录》："美当作变，言蜎飞蠕动之虫，无不有利害可以生事变也。变、美形近而误。"陶弘景注："蜎飞蠕动，微虫耳，亦犹怀利害之心，故顺之则喜悦，逆之则勃怒，况于人乎！况于鬼神乎！是以利害者，理所不能无顺逆者，事之所必行，然则顺之招利，逆之致害，理之常也。"⑧几之势：细微的态势。

译文

所以，要谋划国家大事的人，就要权衡利弊得失；游说国君的谋士，就要揣摩其内心实情。策划谋略或考察情欲，必然要以此为出发点。运用揣情术，可以尊贵，可以贫贱；可以权重，可以卑微；可以获利，可以受损；可以成功，可以失败，道理相通。所以，即使拥有先王的德行、圣人的智谋，不懂"揣情"之术，就不会得到隐藏内心的实情。这些是制定谋略的根本，是游说他人的重要方法。

游说之士把这些方法用之于人，人们是难以预先察觉的。能够谋略在先，行事在后，这是难以做到的。所以"揣情"术不好掌握，游说他人必要深思熟虑方可行动。蚊虫或快速飞行或缓慢蠕动，其中无不有利害关系，因此才衍生出各种事端变化。事情一旦来临，便会有小的征兆。这就是"揣情"要求人们修饰言辞加以表达，然后以此与人论说。

鬼谷子事典

以宽为主，宽严相济

鬼谷子认为："善于治理天下者，其胸中必须揣有天下之一

切。"先秦时的游说之士,常常忖度情理,审时度势,揣摩君王的心理,这就是"量权揣情"的学说。权,不是阴谋,而是一种游说他人的策略。通过揣摩、推断的方法,判断对方想法。只有做到善于"量权"与"揣情",才能正确决策,治理好国家。

春秋末期的郑国政治家子产,年轻时就与众不同,极具政治眼光。当时,郑国攻打蔡国,擒获司马公子燮,消息传来人们都很高兴。子产却说:"我们郑国乃一小国,不该轻易和人结怨。如今和楚国的盟国交战,虽有小胜却有大患,哪里值得庆贺呢?"

不久,楚国果然来攻郑国,郑国不得安宁。子产为相时,郑国处于内忧外患之中,周边形势极不稳定。为了控制时局,子产提出了"宽以治世"的主张,他说:"现在百姓和朝廷积怨很深,追其根源,还是执政者苛政扰民所造成的。若不革除陋习,加民以惠,百姓的怨恨就会更多,到了无法控制的时候,朝廷就难以维系了。废除苛政是当务之急。"

于是,子产废除了苛政,制定了有惠于民的措施,郑国逐渐走向安定,国泰民安。子产的政治主张是"宽以治世",但并没有放弃"严"的手段。在政治局势稳定的情况下,对于屡教不改、胡作非为的贵族则采取严厉的打击。他说:"治世,最上等的是德治,其次是刑罚。所以,宽严不可偏废,力求做到以宽为主,宽严相济。"

消除仇怨,不能不讲原则,一味讨好不会取得好效果。如果丧失立场,就会贻害无穷。宽厚的做人态度,就要做到以德服人,以德释怨。如果这种方法不奏效,就要采取严厉的手段,迫其就范。灵活多变、因人而异的手段,要讲究实际效果;手段多样,应势而变,治理天下就能得心应手。

忖度情理,权衡利弊

揣摩是一种学问,也是一种智慧。通过审时度势,把握事物的发展规律,从而退中求进,出奇制胜。

《战国策》写苏秦夜间著书的事:"乃夜发书,陈箧数十,得太公阴符之谋。伏而诵之,简练以为揣摩。"苏秦夜里打开书箱,检视所存简牍,找到专讲谋略的《太公阴符》,埋头苦读,精心选择,撰述《揣情》《摩意》。

《揣篇》曰:"古之善用天下者,必量天下之权,而揣诸侯之情。量权不审,不知强弱轻重之称;揣情不审,不知隐匿变化之动静。"意思是说,善于治理天下的人,必然衡量各种集团势力的轻重,揣摩诸侯实情。如果对各种集团势力的轻重分析不全面,就不可能对诸侯实力强弱虚实做出正确判断;如果揣摩诸侯的实情不全面,就不可能了解事物变化发展的征兆和迹象。

人们常说"天时、地利、人和",其实是对社会上各因素的总结和概括,若想获得成功必须考虑以上三个因素。因此,通晓"天时、地利、人和",也是鬼谷子"量权揣情"的处世策略。人要解除疑惑,最好的办法是通过实践来验证。莽撞而行,退缩止步,都难以体现"揣"的智慧。只有善于"揣摩",才能够最大限度接近事物的真相。

有时候,成功需要壮士断臂的举动和高瞻远瞩的眼光。君子有所为有所不为,这是成功者的必备能力。有所为,就是有所作为,有追求的理想和目标。有所不为,就是保持理智,头脑冷静,不凭主观意识干扰事物发展,不违背客观规律徒然追求,这样反会有所作为。

当处于优势时,应该"有为";当处在劣势时,应该以退为进,坚守"无为"。这其实是积极的进取,其攻势是收敛的,但有潜在的推动力。一个人是否有作为,并不在于表面形式,更在于实质内容。表面上轰轰烈烈,不一定有所作为;表面上平淡无奇,反而可能有所作为。可见,无为不仅是一种方法和策略,更

是一种态度、一种境界。人的精力有限，能力也有所侧重。做最适合的事，才容易成功。

考察时势，探求欲望

鬼谷子认为，揣情是最重要的，同时也最难做到。如果能预见事物的发展就更加难能可贵。《揣篇》曰："揣情者，必以其甚喜之时，往而极其欲也，其有欲也，不能隐其情；必以其甚惧之时，往而极其恶也，具有恶也，不能隐其情：情欲必知其变。"以上几句讲游说之士如何探求对方的欲求和愿望，并指出了内在欲求和外在表现的关系。人有七情六欲，无一不想实现。与人言谈，可以以此为出发点，进行游说或考察把握对方的欲望。

战国末年，秦国灭掉燕、代、赵、魏各国，和南方的楚国发生战争。楚国形势岌岌可危，决心倾全国之力同秦国决一死战，以挽救危局。当时，楚国还有良将项燕，不可小视。

秦王嬴政先派李信率兵攻楚，初战获胜，于是挥军西进，与蒙恬会师合攻城父。当秦军立足未稳时，项燕率楚军从背后发起攻击，大败秦军。秦王请大将王翦出山，王翦却提出非要六十万士兵不可，秦王无奈，只好答应他的条件。王翦是秦国有名的大将，指挥作战以出奇制胜闻名，而且善于审时度势，对秦楚两国的形势做了周密分析。当时楚国地广人多，兵力雄厚。早在春秋时代，楚国就问鼎中原，称霸一时。战国中期后，虽然兵挫地削，日渐衰落，仍然具有相当的军事力量，是唯一能同秦国较量的国家。

同时，王翦还揣摩出秦王的心思和性格，知道秦王嬴政骄而多疑。六十万士兵，几乎是秦国的全部军队。王翦手握重兵，深恐秦王猜疑，于是向秦王请封大量田地，目的不在于福荫子孙，而是为了表示自己忠于秦王，可谓用心良苦。得到了秦王的信任,他才放手指挥,一心攻楚,不怕功高盖主而身处险境。

楚王听到王翦率领大军前来,于是倾国中之兵,命项燕率领同秦军决战。王翦根据战场情况,制定了作战方案。他见楚军来势凶猛,就采取了"坚壁而守"的作战方针,任楚军挑战,始终闭营不战,每天只是锻炼士卒,好生休息。楚军寻不到战机,斗志松懈,遂向东转移。王翦乘此机会,挥兵追击,大败楚军。秦国统一天下,横扫六国,王翦等将领起了重要作用。

智谋之士策划国事,游说君主,需要详细考察时势,乃至人情事理。所以"审权量,则国事可计;审揣情,则人主可说;至于谋虑情欲,皆揣而后行,故曰谋虑、情欲必出于此也。"

了解形势,揣摩意图

鬼谷子云:"古之善用天下者,必量天下之权,而揣诸侯之情。"他认为谋臣策士若想实现政治抱负,就要说服各国诸侯来左右天下局势。做到这一点很不容易,必须掌握和了解天下形势,揣摩诸侯的真实意图。只有做到这些,才能抓住机会,施展抱负。

三国时,天下大乱,群雄割据,世事纷扰。诸葛亮生逢乱世,以布衣之身,躬耕于南阳。他深知天下大势,熟读兵书,洞晓他人心理,自比管仲、乐毅。身在隆中,胸怀天下,对当时形势有清醒的认识。

在谋士徐庶的推荐下,刘备三顾茅庐,向诸葛亮请教天下大计。诸葛亮深感知遇之恩,于是向刘备讲述了自己对天下大势的分析、思考,以及乱世称雄的谋略,这就是著名的"隆中对策"。

诸葛亮为刘备提出了兼弱攻昧的外交谋略。他认为孙权占据江东,经过父子三代经营,又有长江之险,而且贤臣较多,兵精将广,所以只能结盟。荆州北临汉水、沔水,可以直通海上,东

鬼谷子

连东吴西通巴蜀，是战略重地。而刘表虽有地方千里、兵甲十万，却懦弱无谋，不懂军事，这是上天所赐，应该攻取。益州有险关要塞，沃野千里，可谓天府之国，汉高祖正是从这里成就了帝业。刘璋身为益州牧，却昏庸无能。如果能占据荆州和益州，守住险关要塞，对外与孙权结盟，对内精心治理，一旦天下形势发生变化，可派得力大将率军向中原进军；主力人马出兵秦川，在战略上形成东西并举、左右呼应之势，这样不但霸业可以成就，汉朝也可以复兴了。

诸葛亮根据形势，做出了详细分析和判断，制定了积极稳妥的战略方针和行动计划。依据时势变化和政治需要，选择时机削弱敌对力量，吞并弱小力量，从而壮大自己。这种"兼弱攻昧"的谋略，使刘备集团逐渐走向强大。

追求欲求的实现，是人们内心不可避免的。通过考察人们的欲求，进行适当游说，便能事半功倍。历史也证明了诸葛亮的政治策略：即联孙抗曹，夺取荆州、益州作为基地，以等待局势变化，出兵夺取中原等，完全符合事物发展的客观规律。由于这一系列策略的实现，使刘备三分天下，获取其一，从而形成了三国鼎立的局面。

量权揣势，把握实质

鬼谷子所说的"揣"，是对客观形势的预见和分析，通过仔细揣摩，把握事物的真相或实质，可以力争主动。要想做事成功，就必须量权揣势，根据情况制订计划和方案。而缺乏"揣"，则容易陷入盲目的泥潭，从而偏听偏信，受人牵制，最终自我毁灭。这就是"揣术"，需要多方考察、全面掌握信息。

秦朝末年，各地义兵纷起，天下大乱。张良先在安徽亳州起义，后来投靠刘邦，成了刘邦身边的重要谋士。当时，刘邦占领了武关,便下令直奔峣关。张良说:"沛公莫急,武关是关中门户,也是交通枢纽。如今虽然得手,若不加强防卫,项羽随后就到,难以抵挡。"建议加固关防,派重兵镇守,以拒各路诸侯于关外。这样,便可以击杀秦军于关中,直捣咸阳。刘邦依计而行。

峣关又名蓝田关,地形险要,易守难攻。张良建议先派兵在峣关对面的山上遍插旗帜,让对方感觉如临大敌,以摧垮他们的士气。再派善辩之士,带上黄金珍宝,诱之以利,晓之以理,暗中联络以为内应。

果然,秦军将领人心惶惶,有一部分愿与刘邦讲和。然而,张良看到秦军士兵大部分是关中人,父老和妻室儿女都在关内,他们一定会奋不顾身抵抗。与其和他们拼杀,不如等到他们松懈疲惫,迂回包抄,前后夹击。

于是,刘邦率主力绕过峣关,翻越蓝田东南的蒉山,突然出现在秦军背后,在蓝田南部大破秦军,进一步占领蓝田。峣关的后路被切断,前后夹击不攻自破。关中大门由此洞开,秦都咸阳已无险可守。两军相逢,不仅斗勇而且斗智。智者能审时度势,运筹帷幄,决胜于千里之外。成就事业的人,往往能够顺应时势,趋利避害,由此把握事物的发展,力争主动。张良正是因为看清了事物发展变化的趋势,利用一切有利的因素,从而获取了战争的主动权。

兵不厌诈,冷静观察

俗话说:"害人之心不可有,防人之心不可无。"鬼谷子在《揣篇》中说:"夫情变于内者,形见于外;故常必以其见者,而知其隐者,此所以谓测深揣情。"矛盾无处不在,无时不有,由于利益的差异性和价值取向的背离,当矛盾激化到一定程度,对

手就有可能设计种种圈套。

当然,生活中难免磕磕碰碰,但也不能过于疑神疑鬼,总以为有人在算计自己。也许是别人想自我表现,爱耍小聪明而已。对这种人,不妨大度一些,无伤大雅;若对方得寸进尺,也不必过于认真。巧妙识破对方设定的圈套,却是我们应该掌握的本领。

从双方有无利益冲突的角度考虑,并分析对手的性格和胆量,以确定圈套的种类及复杂、危险程度。还可以采取以攻为守的方法,故意透一点信息给对手,表明知道他设的圈套,只是不说出来。

倘若掌握了某些证据,但还不充分,就要适当伪装,态度一如既往,以免打草惊蛇。对手以为你还蒙在鼓里,就会放松戒心,暴露自己,这样就有利于获取想要的证据。

生活中善恶并存,所谓防人之心,其实是防人性中的恶。比如有人为了升迁,不惜设圈套打击竞争者;有人为了生存,不惜在利害关头出卖朋友;有人走投无路,狗急跳墙,于是坑蒙拐骗。"明枪易躲,暗箭难防。"该如何防?先要巩固城池,让人摸不清底细。做法很简单,就是不随便露出弱点,不轻易显露欲望和企图,不露锋芒不得罪人。对方摸不清底细,自然不敢随便陷害,因为没有机会。俗话说:"兵不厌诈。"对他人的动作要冷静观察,凡异常的动作都有意图,结合所处环境一并思考,便可发现其中奥妙。

摩篇第八

摩篇，一作摩意，指观察、揣摩之意。本篇所讲，其实是一种揣情之术，是《揣篇》的延伸和发展，具体说就是通过言辞交流，获知对方的真实意图。因此，摩意是揣度对方实情的方法。

本篇从摩意和揣情的关系入手，论证了摩意的重要性，阐述了摩意的谋略和方法，即平、正、喜、怒、名、行、廉、信、利、卑十法。"谋莫难于周密，说莫难于悉听，事莫难于必成。"总之，谋划的策略，最难的是周到缜密；游说他人，最难的是令其服从；经手事情，最难的是务必成功。所有这些，只有智者可以做到，因为他们重视"摩意"的方法运用。古往今来，善于揣摩他人意图的人，总能悠然于山川之外，投饵垂钓成事于悄然之间。

鬼谷子

原文

摩者，揣之术也①。内符者，揣之主也②。用之有道，其道必隐③。微摩之，以其所欲，测而探之，内符必应。其所应也，必有为之④。故微而去之，是谓塞窌、匿端、隐貌、逃情⑤，而人不知，故能成其事而无患。摩之在此，符应在彼，从而用之，事无不可⑥。

注释

①摩者，揣之术也：摩意，是揣情的手段、方法。摩，揣摩，切磋。余诚之《鬼谷子新注》："摩者，由外而合乎内也。"陶弘景注："谓揣知其情，然后以其所欲切摩之，故摩为揣之术。"②内符者，揣之主也：通过观察他人的外部表现而判断出其内心欲求，这就是揣摩的根本。陶弘景注："内符者，谓情欲动于内，而符验见于外。揣者见外，符而知内情，故内符为揣之主也。"以上两句总括揣情与摩意的深刻关系。谋士游说他人之前，必须对时势和对方心里做深刻了解，才能获取好的效果。③用之有道，其道必隐：使用揣情、摩意的方法，必定是隐秘。陶弘景注："揣者，所以度其情慕，摩者，所以动其内符。用揣摩者，必先定其理，故曰用之有道。以情度情，情本潜密，故曰其道必隐也。"谋士要揣摩他人的想法，而不显露自己的意图，必然要费一番周折，这中间是隐秘而幽微的。④"微摩之"两句：陶弘景注："言既揣知其情所趋向，然后以其所欲微切而摩之，得所欲而情必动。又测而探之，如此则内符必应。内符既应，必欲为其所为也。"测而探之，通过观察、分析，探知对方真实欲求。⑤塞窌、

匿端、隐貌、逃情：收敛锋芒，隐藏真相。窌，地窖。匿端，隐藏端倪。陶弘景注："君既欲为事必可成，然后从之。臣事贵于无成有终，故微而去之尔。若已不同于此，计令功归于君，如此，可谓塞窌匿端、隐貌、逃情。情逃而窌塞，则人何从而知之？人既不知所以，息其所憎妒，故能成事而无患也。"战国谋士要游说君主，便要隐藏自己的内心情欲，以与群臣和谐相处，有功则归于主上，以免功高震主。⑥摩之在此，符应在彼。从而用之，事无不可：谋士的观察细而隐，人们的情欲显而彰。一般人只看到彰显的部分，而不了解谋士的隐藏目的，所以就无事不成了。陶弘景注："此摩甚微，彼应自著，观者但睹其著而不见其微，如此用之，功专在彼，故事无不可也。"

译文

触摩试探，是揣情的一种方法；使对方的内心欲求得以显现，这是"揣情"的根本所在。使用触摩试探的方法，需要掌握一定的规律，这些规律是隐秘的。通过触摩试探对方的欲求，探测对方的内心真实，其内情就会有所显现。对方的内情一旦有所表现，就可以有所作为。达到了预期目标，就要有意保持微妙的距离，并且堵塞漏洞，消除痕迹，隐藏形状，掩饰真情，使人无法识破自己的行动。这样既实现了目的，又不留下祸患。用这种方法触摩试探对方的内心，对方必然有行动反应出来。根据对方的反应而采取行动，就没有办不成的事。

原文

古之善摩者，如操钩而临深渊，饵而投之，必得鱼焉。故曰

主事日成①而人不知,主兵日胜②而人不畏也。圣人谋之于阴,故曰神;成之于阳,故曰明③。所谓主事日成者,积德也,而民安之不知其所以利;积善也,民道之不知其所以然④,而天下比之神明也。主兵日胜者,常战于不争不费⑤,而民不知所以服,不知所以畏,而天下比之神明。

注释

①主事日成:主持政务,日渐成功。②主兵日胜:指挥战争,日渐胜利。陶弘景注:"钓者,露饵而藏钩,故鱼不见钩而可得;贤者,显功而隐摩,故人不知摩而自服。故曰主事日成而人不知也。兵胜由于善摩,摩隐则无从而畏,故曰主兵日胜而人不畏也。"③"圣人"句:善于摩意,是走向成功之路。古人所讲阴谋,并无贬义,而是指隐秘谋划。陶弘景注:"潜谋阴密,日用不知,若神道之不测,故曰神也。功成事遂,焕然彰著,故曰明也。"④不知其所以然:贤君明主,主事日成,便是积德、积善。让百姓自然而然听从政令,这是一种高明的统治艺术。陶弘景注:"圣人者,体神道而设教,参天地而施化,韬光晦迹,藏用显仁。故人安德而不知其所以利,从道而不知其所以然。故比之神明也。"⑤不争不费:不使用武力,不损耗军费。即《孙子兵法》中"不战而屈人之兵"的战略思想。陶弘景注:"善战者,绝祸于心胸,禁邪于未萌,故以不争为战。师旅不起,故国用不费。至德潜畅,玄风遐扇,功成事就,百姓皆得自然,故不知所以服,不知所以畏,比之于神明。"这是一种比较玄妙的治国方略。

译文

古代善于使用摩的人,就像拿着钓鱼竿临近深渊,装好诱饵投入水中，必然可以钓到鱼。所以说这样的人主持政务日渐成功却不被察觉，率兵打仗日渐胜利，对手却蒙在鼓里不知畏惧。圣人便是这样隐秘谋划事情，所以被称为"神"；行动成功则会昭然显著，所以被称为"明"。主持政务每天都有成绩，积累德行，人们安居乐业获得利益却不知从何而来；积累善行，人们遵循却不知为何如此，天下的人称之为"神明"。率兵打仗连连取胜，却不与敌人争斗，也不消耗物资财富，人们不知敌人为何归服，为何畏惧，天下的人称之为"神明"。

原文

其摩者①，有以平，有以正，有以喜，有以怒，有以名，有以行，有以廉，有以信，有以利，有以卑。平者，静也；正者，宜也；喜者，悦也；怒者，动也；名者，发也；行者，成也；廉者，洁也；信者，期也；利者，求也；卑者，谄也②。故圣人所以独用者，众人皆有之，然无成功者，其用之非也③。故谋莫难于周密，说莫难于悉听，事莫难于必成。此三者，唯圣人然后能任之④。

注释

①其摩者：揣情摩意，常常因时而发，有规律可循，即平、正、喜、怒、名、行、廉、信、利、卑十法。陶弘景注："凡此十者，皆摩之所由而发。言人之材性参差，事务变化，故摩者亦消息盈虚，因几而动之。"②"平者"句：以上所述，是对摩意十法的具体解释。陶弘景注："名贵发扬，故曰发也。行贵成功，故曰成也。"③"故圣人"句：以上十法并非圣人所独有，众人使用却不能成功，是因为所用不得其道，所以失败。陶弘景注：

"言上十事,圣人独用以为摩,而能成功立事。然众人莫不有之,所以用之非道,故不能成功也。"④ "故谋"句:本句可理解为,凡能做到谋略周密,把握时势得当并持之以恒,也可以像圣人那样成功。陶弘景注:"谋不周密,则失机而害成;说不悉听,则违理而生疑;事不必成,则止赞而中废。皆有所难,能任之而无难者,其唯圣人乎?"

译文

触摩试探他人的方法,根据具体情况灵活运用,有的平和,有的正直;有的使人喜欢,有的使人发怒;有的利用声名,有的采取行动;有的要讲廉洁,有的要讲信誉;有的讲利益,有的讲谦卑。平是使人心平气和,正是使人感觉公正;喜是使人欢喜愉悦,怒是使人情绪波动;名是为其传播声誉,行是助其取得成功;廉是使人洁身自好,信是使人有所期许;利是为其提供需求,卑是为了迎合对方。所以,圣人所独用的触摩他人内心的方法,平常人也拥有。然而没有什么人能成功,是因为他们使用不当。所以说,出谋划策最困难的是考虑周到严密,游说对方最困难的是让对方接受主张,做事情最困难的是确保成功。这三方面只有圣人经过深思熟虑才能做到。

原文

故谋必欲周密,必择其所与通者①说也,故曰或结而无隙②也。夫事成必合于数,故曰道数与时相偶者③也。说者听必合于情,故曰情合者听。故物归类,抱薪趋火,燥者先燃;平地注水,湿者先濡。此物类相应④,于势譬犹是也。此言内符之应外摩⑤也如是。故曰摩之以其类焉,有不相应者,乃摩之以其欲,焉有不听者？故曰独行之道。夫几者不晚⑥，成而不拘⑦，久而化成⑧。

注释

①通者：通达明白之人。②结而无隙：周密详细，无隙可乘。③道数与时相偶：指道、术、时三者合一，才能成就功业。④物类相应：物以类聚，相互感应。⑤内符之应外摩：自己从外部出发去摩对方，对方内心反应一定会表露出来。陶弘景注："言内符之应，外摩得类则应，譬犹水流就湿、火行就燥也。"人以群分，物以类聚，志趣相投自然聚合一处，而成为关系密切的社会团体。⑥几者不晚：发现事物的隐微征兆，就不会错失良机。⑦成而不拘：成就功业也不占为己有。⑧久而化成：久而久之，便能教化天下。陶弘景注："见几而作，何晚之有？功成不居，何拘之有？久行此二者，可以化天下。"

译文

所以，谋略最难做到的是周密，游说他人要选择心意相通的对象；所以，做事情最难的是毫无疏漏。想成就事业必定要符合术数，就是说道理、术数和时势三者重合，是事业成功的必然条件。要想游说他人使对方言听计从，必须动之以情晓之以理，双方感情相合才会听取。世间万物都是物以类聚，就像抱着柴草走向烈火，干燥的柴草首先燃烧；往平地上倒水，低湿的地方首先注入水流。物以类聚相互感应，形势上必然如此。就是说从对方外在表现推知其内心实情也是如此，所以，触摩试探对方要有所分类，如果对方没有反应，就从相类的方法触摩试探其欲求和愿望，哪有不会听从的呢？这是谋士常用的方法。总之，审察到事

鬼谷子

物之间的隐微征兆就要抓住时机,把事情做成了却不居功自傲。长久坚持这样,才能达到出神入化的地步。

鬼谷子事典

卧薪尝胆,韬光养晦

天有不测风云,人有旦夕祸福。尤其是在分裂割据、群雄并立的时代,世事往往难以预料,要想在乱世获取立足之地,必须以不变应万变,在故作糊涂中保全自己。

如果揣摩准确,把握对方的心理,做出相应行动,就能获得成功。"揣知其情所趋向,然后以其所欲,微切摩之,得所欲而情必动,又测而探之,如此则内符必应。内符既应,必欲为其所为也。"这是鬼谷子在《摩篇》中提出的重要思想。

很多时候,有意隐藏自己的才能是智者的选择。在封建时代,有才能的人如果不被君主所用,就会身处险境。即使是被君主所用,也可能受到猜忌。因此,明哲保身就成了才识之士的第一要务,如果处处张扬,不知收敛,结局往往会很悲惨。

东汉末年,曹操击败吕布,夺取了徐州。刘备因势单力薄,只好隐藏宏图之志,暂时依附于曹操。而曹操对刘备并不放心,怕他不甘久居人下,却又施展拉拢的手段,对他厚礼相待。对此,刘备暗中准备。

于是,刘备装起糊涂,在后园种起菜来。一天,刘备正在浇水种菜,许褚、张辽闯进来,说曹操有请。刘备去见曹操,忐忑不安。两人对面而坐,饮酒闲聊。

曹操想借机一探刘备真心,看他是否有称王称霸的意图。酒喝得来劲,曹操问:"玄德兄久历四方,见多识广,请问当今之世，谁称得上英雄？"

刘备一时无语，只好搪塞："我怎敢谈论天下英雄呢？"于是列举了袁术、袁绍、刘璋等地方军阀，这些人当然不被曹操放在眼里。曹操说："所谓英雄，就是要胸怀大志，腹有良谋。所谓大志，志在吞吐天地；所谓良谋，谋能包藏宇宙。"曹操接着说："当世英雄，只有使君和我！"

听了这话，刘备心中一震，手一松，筷子掉到地下。此时，恰巧天空传来一阵响雷，轰隆隆炸得屋瓦震动。刘备拾起筷子，缓缓说："真厉害，雷声把我吓坏了！"

曹操听了暗自发笑，认为刘备不仅目光不够长远，而且还是个胆小鬼。自此，对刘备的戒备松懈了许多，最终使刘备脱身徐州。刘备装呆作痴，隐真示假，以不变应万变，给人自甘平庸的感觉，在巧妙应变中保全了自身性命。

建功立业，非一日之功。时机成熟之日，方是成功之时。在此之前，就要卧薪尝胆，韬光养晦。遭人忌讳会使自己陷入险境。这是祸端的先兆，预埋的危机，终有爆发的一天。如果能够事事观察，仔细揣摩对方心意，就不难找到解决问题的办法。对自己不利的就设法补救，让祸患消失在萌芽之中。

"投饵钓鱼"，促销有方

《摩篇》曰："古之善摩者，如操钩而临深渊，饵而投之必得鱼焉。故曰主事日成而人不知，主兵日胜而人不畏也。"这句话的意思是，古代那些善于运用"摩"术的人，如同拿着鱼钩临近深渊，只要投下鱼饵，就会把鱼钓上来。

现代商业活动，许多人经常使用"摩"术。正确的策略可以促进成功，就像钓鱼投下诱饵，鱼儿才会上钩。想要获取更大利

益,就要让产品受到青睐,这往往需要周密的谋划,运用一定的方法、手段。

钓鱼时要投鱼饵,舍弃一点小利,却钓回了大利。懂得了垂钓之道,就要敢于实践。无饵者门可罗雀,有饵者门庭若市,销售策略不同,效果也有天壤之别。推销新产品,采用鱼饵钓鱼的谋略,先抛出几个诱饵,引起人们的关注,然后"言归正传"。要想在激烈竞争中抢占先机,占据更多的市场份额,作为管理者就必须学会经营策划。

适时抛下诱饵,让消费者不期而遇。做到这一点,就必须分析消费者的心理,以消费者为中心,发现他们的需求,满足他们的需求,就会达到事半功倍的效果。

如今,商场超市经常进行"投饵钓鱼"的促销方式,比如购物有奖的活动。其实,这些手段就是抛下诱饵,等待鱼儿上钩。在适当的时候,使用这种手段,就可以"主事日成而人不知也,主兵日胜而人不畏也"。

揣情摩意,有据可循

很多时候,察言观色是"摩"术的具体运用。揣情摩意,常常因机而发,有规律可循。人的性格千差万别,具体运用时,方法可以多种多样。公元73年,东汉大将窦固率兵攻打匈奴,为了彻底击败匈奴,就想派人联络西域各国共同作战。于是派遣颇有才干的班超出使西域。

班超带领随从到了鄯善。鄯善原是归附匈奴的,因为匈奴逼他们纳税进贡,勒索财物,鄯善王很不满意。但几十年间,因为内地连年战争,东汉顾不到西域边境,鄯善王只好听从匈奴命令。这次他看到汉朝派去了使者,便殷勤招待了他们。

过了几天,鄯善王的态度忽然冷淡起来。班超起了疑心,猜测一定是匈奴使者也到了这里。恰巧鄯善王的仆人送酒食来,班超装作早就知道的样子说:"匈奴的使者来几天了?住在什么地方?"鄯善王和匈奴使者打交道,本是瞒着班超的。那个仆人被班超一问,以为班超已经知道这事,回答说:"来了三天了,住处离这不远。"

于是,班超召集随从说:"大家跟我来到西域,无非是想立功报国。现在匈奴使者才到几天,鄯善王的态度就变了。要是他把我们抓起来送给匈奴,我们的尸骨也不能回乡了。现在情况危急,只有趁着黑夜到匈奴的帐篷周围,放火进攻。只要杀了匈奴使者,事情就好办了。"到了半夜,班超率领随从偷袭匈奴的帐篷。他们顺风放起火来,班超领头杀进帐篷,杀了匈奴使者和三十多个随从。班超回到营房,天刚亮。他请鄯善王过来,鄯善王见匈奴的使者已被杀掉,表示愿意服从汉朝命令。

班超对鄯善王进行察言观色,觉察到其内在变化,于是随机应变,果断采取行动,杀了匈奴使者。又顺应鄯善王欺软怕硬的心理特征,促使鄯善与汉朝友好。这正是摩术灵活运用的结果。

淡化荣辱,抛弃功利

社会是个大舞台,人的身份和地位各不相同,由此带来不同的处世方式。富贵者高高在上,易招人怨。如果领悟鬼谷子《摩篇》精义,适时放下架子,谦虚待人,就能改变形象,为将来留条后路。贫贱者无权无势,如果行为放荡不羁,对人不敬只会招致厌恶,难以改变处境和命运。

鬼谷子所说的"摩",是个体对事物的发展趋向做出的正确

鬼谷子

反应。由此可以通过平常的举动而窥见对方真实情况,有效防范居心叵测之人。对于小人,如果缺乏揣摩的谋略或方法,就很容易落入陷阱之中。俗话说:"防人之心不可无。"应该谨防左右,尤其是那些卑躬屈膝之小人。

做事需要谋划。只有料事在先,才能消除隐患于未萌之时。生活中,对付小人也可以这样。小人大多怕险畏难,计较得失。只要揣摩出其意图,设置障碍制造麻烦,让他们患得患失,就会使其有所顾虑和惧怕,在行为上有所收敛。不动刀兵,避免了不必要的损失,可谓是智胜小人的妙计。

实施一定的谋略,要对事物的状况有深入研究和细致把握,面对利益诱惑不动心,身临危险之地能脱离。遇事时不慌张,以免做出不利于己的举动。做到了宠辱不惊,就能在面对突发事件时保持冷静,做出正确判断,避免出现错误和偏差。因此,淡化荣辱观念,是"摩"的精义,抛弃功利主义,自会领略人生的自由境界。

高明的智者,善于揣情摩意,能够淡化荣辱,胸襟阔大,具有特立独行的人格魅力。人们常说:"小不忍则乱大谋。"所以处于困境时要能忍受一时的屈辱。不然,就会陷入更危险的境地,无端抱怨解决不了问题,只会招致更多的打击。忍辱负重,要求对现实和自身有清醒认识。把一切问题都看开些,就会变得豁达。在无助的情况下,调整心态和行事准则,才能化解复杂的问题,这是摩意术的重要内容。

避敌锐气,攻其不备

古人讲究喜怒不形于色,鬼谷子在《摩篇》中说:"如果不断用言语和行动去试探和刺激对方,那么,对方的真情实意就会暴露。这时,就要表现出不以为然的样子,隐藏自己的真实想法,不被对方察觉。做到这一点,就会成大事而不留祸患。"

怎样说话才能打动人心,怎样行动才能确保成功?鬼谷子认为做事要想达到目标,就要"摩之以其欲",也就是洞察人心,体察人性。纵观古今,优秀的政治家、军事家,大多具有这种本领。

东汉末年,曹操率军讨伐张绣,天气热得出奇,骄阳似火,士兵口渴难耐,行军速度缓慢。曹操担心贻误战机,心里着急。于是,他叫来向导,悄悄问:"附近可有水源?"向导说:"泉水在山谷的那一边,要绕过去还有很远。"曹操遮眼眺望,看到前边有片树林,脑筋一转,赶到队伍前,用马鞭指着前方说:"前面有片梅林,那里的梅子又大又好,我们快点赶路,绕过这个山丘就到了!"士兵一听,精神大振,行军速度快了许多。

在艰难险境,个体的意志力能发挥巨大作用。曹操用"酸梅"鼓舞士气,加快行军速度,正是因为他具有深入体察人性的本领。在古代,优秀的将帅除了要熟悉天文、地理、阵法外,还必须洞察人心,善打心理战。项羽的破釜沉舟与韩信的背水一战,都是利用人在险境中的求生本能而取胜的例子。春秋时的"长勺之战",是心理战的经典战例,集中体现了《孙子兵法》"避其锐气,击其惰归"的军事思想。

在战争中要打败强敌,必须要避敌锐气。当敌人处于精神放松、意志疲惫的情形时,出其不意攻其不备,往往获得意想不到的效果,最终取得战争的胜利。

现代商业活动,竞争对手之间也存在心理战问题。竞争的胜负除了取决于经济实力、竞争方法等因素外,有时还取决于自身

的心理素质和心理战斗能力。与人打交道，摸透了对手的心理，胜利也就不远了。做到了"摩之以其欲"，只要略施小技，就可以将麻烦消除于无形之中。

揣摩情形，合理规划

鬼谷子认为，策划谋略难在周到缜密，游说君主难在言听计从，主持事务难在确保成功。这三者只有圣人才能做到。《摩篇》曰："独行之道。夫几者不晚，成而不拘，久而化成。"意思是说，要想说服别人，必有独辟蹊径的智慧，注意事物的细微变化，把握时机才能成功。从别人忽略的地方策划，要善于揣摩情形，做出合理规划。

现实生活中，好的创意或者点子，往往产生良好的效益，甚至涌现很多跟风者，如雨后春笋。当然，就谋略而言，跟风不过是模仿抄袭，谈不上高明。而高明的策划，则是智慧的结晶，需要深入调查，全局把握，才能独辟蹊径。

比如，能否把木梳卖给和尚的经典案例，反映了策划水平的高低：有公司高薪招聘营销人才，广告打出，很多人踊跃报名。应聘者要做一道试题，就是在十天内，想法把木梳卖给和尚。绝大多数应聘者感到困惑不解，纷纷离去，最后剩下甲、乙、丙三人。

十天后，甲只卖出去一把，乙则卖出去十把。乙到了一座名山古寺，由于山高风大，进香者的头发都被吹乱了，他找到寺院住持说："蓬头垢面对佛不敬。应在香案前放把木梳，供善男信女梳头。"住持采纳了建议。于是买下了十把木梳。

最后，负责人问丙："卖出去多少？"丙答："一千把。"负责人很吃惊，丙说他到了一个香火极旺的深山宝刹，朝圣者络绎不绝。丙对住持说："凡来进香参观者，多有一颗虔诚之心，宝刹应有所回赠，以做纪念，保佑其平安吉祥，鼓励其多做善事。我有一批木梳，您的书法超群，刻上'积善梳'三字，可做赠品。"住持大喜，于是买下一千把木梳。得到"积善梳"的施主很高兴，一传十、十传百，朝圣者更多，香火更旺。

把木梳卖给和尚，听起来匪夷所思，但不同的策划，不同的营销，却有不同的结果。在别人认为不可能的地方开辟市场，才是真正的营销高手。只有观察细微，才能把握时机独辟蹊径。从别人忽略的地方策划行动，是需要极高的智慧。这正是"独行之道，夫几者不晚，成而不抱，久而化成"这一警言的妙用。

权篇第九

权,本指天平的砝码,可以衡量物体轻重,有权宜、权变之意。游说他人要权衡形势,随机应变,才能根据情况设置说词适当取舍,这是《鬼谷子》游说术的核心。作为游说之土,不仅要知识渊博,善于辩论,而且要观物察人,把握全局。

本篇主要阐释了"权"术的原则和方法,阐明了审时度势、权衡利弊的技巧,可以说是专论"演说的艺术与技巧"。首先论述了说、饰言、应对、成义、难言等五种说辞情况,接着论述了佞言、谀言、平言、戚言、静言等设辞要求和预期目的。进而论述了病言、恐言、忧言、怒言和喜言,指出这五种言辞的危害,若运用得当,也能收到奇效。游说者应具备一定的才智,不同的方式也很重要,进而论述了耳聪、智明、辞奇等关键性问题。

原文

说者,说之①也;说之者,资之②也。饰言③者,假之也;假之者,益损④也;应对者,利辞⑤也;利辞者,轻论⑥也;成义⑦者,明之也;明之者,符验⑧也。言或反覆,欲相却也。难言者,却论也;却论者,钓几⑨也。

注释

①说之:劝说对方听从自己。②资之:帮助对方。③饰言:修饰言辞。修饰语言不是目的,但借助精妙的语言,更能打动对方。④益损:增益减损。指谈话时要在语言上适当删减。⑤利辞:敏捷巧辩之词。权宜之计或敷衍的话。⑥轻论:轻易论说。即言语不深刻,流于形式。⑦成义:成为义理,使对方相信自己。⑧符验:符合应验。古人认为游说他人,不能违背事实,否则很难取信于人。⑨钓几:钓取隐秘而细微的东西。可理解为让对方接受自己的观点。几同机,隐秘,细微。

译文

说,就是游说对方;游说对方,就要有助于对方。修饰言辞,是为了借助言语打动对方;借助言语打动对方,就要再三斟酌、适当取舍。应对时要敏捷巧辩,敏捷巧辩容易流于形式。要使对方接受某个观点,就要使对方明白真伪;使对方明白真伪,就要列举事实加以佐证。遇到对方难以理解的话,就要反复讲述进而争论。双方争论,是为了诱惑对方讲出隐情。

原文

佞言①者,谄而干忠;谀言②者,博而干智;平言③者,决而干勇；戚言④者，权而干信；静言⑤者，反而干胜。先意承欲者，谄也；繁称文辞者，博也；纵舍⑥不疑者，决也；策选⑦进谋者，权也；先分不足以窒非⑧者，反也。

注释

①佞言：奸巧谄谀。②谀言：奉承献媚。③平言：公正平允。④戚言：忧戚之言。戚，忧。⑤静言：谋虑之言。⑥纵舍：舍弃，放弃。⑦策选：策划选取。⑧先分不足以窒非：自己有所不足反而责备他人过错。

译文

使用花言巧语，是为了取悦于对方以求忠诚。使用阿谀之词奉承他人，是为了显露渊博的知识，以示自己聪慧多智。使用公正平允之言，说话直截了当有所决断，以示敢于直言。使用忧戚之言，是为了权衡形势，以博取信任。静言，有谋略的言辞都是自知自己不足反而责备他人不足，以求得辩驳的胜利。先揣摩对方的心思再加以奉承，被称为"谄"；引经据典旁征博引，被称为"博"；抛开顾虑大胆舍弃，被称为"决"；选取策略呈献计谋，被称为"权"；自己的天分不足难以制止错误，被称为"反"。

原文

故口者，机关①也，所以关闭情意也；耳目者，心之佐助也，所以窥瞷奸邪②。故曰参调而应，利道而动③。故繁言而不乱，翱翔而不迷，变易而不危④者，睹要得理⑤。故无目者不可示以五色，无耳者不可告以五音。故不可以往者，无所开之也；不可以来者，无所受之也⑥。物有不通者，圣人故不事也。古人有言

曰："口可以食，不可以言。"言者，有讳忌也。"众口铄金"⑦，言有曲⑧故也。

注释

①机关：事物的枢要、关键。②窥瞷奸邪：窥见间隙，明察奸邪。③参调而应，利道而动：陶弘景注："口者，所以发言语，故曰机关也。情意宜否，在于机关，故曰所以开闭情意也。耳目者，所以助心通理，故曰心之佐助也。心得耳目，即能窥见间隙，见彼奸邪，故曰窥瞷奸邪也。"参同三，指心眼耳三器官。利道，即因势利导。④变易而不危：改变方向而不诡谲。危，通诡。⑤睹要得理：要，纲要。理，事理。《韩非子·扬权》："事在四方，要在中央。圣人执要，四方来效。"⑥"故不"句：指选择谈话的对象和把握论说的程度。陶弘景注："此不可以往说于彼者，为彼暗滞，无所可开也；彼所以不来说于此者，为此浅局，无所可受也。夫浅局之与暗滞，常闭塞而不通，故圣人不事也。"⑦众口铄金：比喻舆论影响强大。⑧曲：不正。《玉篇·曲部》："曲，枉也。"《战国策·赵策二》："穷乡多异，曲学多辨。"陶弘景注："金为坚物，众口能烁之，则以众口有私曲故也。"

译文

所以，口是人体的机关，用来透露或隐藏真情实意；耳目是心的辅助，可以用来窥察间隙，发现奸邪。所以说，口、耳、目三者要协调一致，互相感应，因势利导才能采取行动。因此，言语繁多却不杂乱，纵横驰骋却不迷惑，改变方向却不诡谲，抓住事物要领，看清事物本质。所以，不能向失明的人展示五色，不能向失聪的人展示五音。不值得开导的人，就不要去游说；不来此地游说，是因为没有知音。有些人是无法沟通的，就没有必要去游说。古人云："口可以用来吃饭，却不能胡乱说话。"说话要有所顾忌。"众口铄金"，是由于言辞之间难免因为偏见而歪曲事实。

原文

人之情，出言则欲听，举事则欲成。是故智者不用其所短，而用愚人之所长；不用其所拙，而用愚人之所工，故不困也。言其有利者，从其所长也；言其有害者，避其所短也①。故介虫之捍②也，必以坚厚；螯虫③之动也，必以毒螯。故禽兽知用其长，而谈者亦知其用而用也。

注释

①"言其"句：说话对我有利，就要依从自己的长处；说话对我有害，就要避开自己的短处。②介虫之捍：甲虫的防御。介通甲，指有甲壳的昆虫或水族。③螯虫：指有毒刺的昆虫。

译文

人之常情，说话就希望有人接受，做事总想获得成功。所以，智者总是不用自己的短处，而是采用愚者的长处；总是不用自己的愚拙，而是采用愚人的工巧，这样就不会使自己困窘。谈到事物有利的一面，就要发扬它的长处；谈到事物有害的一面，就要回避它的短处。所以，甲虫防御天敌，必须用坚硬的甲壳；毒虫攻击对方，必须用有毒的尖刺。禽兽都知道发扬自己所长，游说之士更应该懂得发挥自己的长处。

原文

故曰辞言①有五：曰病、曰恐、曰忧、曰怒、曰喜。病者，感衰气而不神也；恐者，肠绝而无主也；忧者，闭塞而不泄也；怒

者,妄动而不治也;喜者,宣散而无要也。此五者,精则用之,利则行之。故与智者,言依于博②;与博者,言依于辨;与辨者言,依于要;与贵者言,依于势;与富者言,依于高③;与贫者言,依于利;与贱者言,依于谦;与勇者言,依于敢④;与愚者言,依于锐,此其术也,而人常反之。

是故与智者言,将此以明之;与不智者言,将此以教之,而甚难为也。故言多类,事多变。故终日言,不失其类而事不乱。终日不变而不失其主,故智贵不妄,听贵聪,智贵明,辞贵奇⑤。

注释

①辞言:辩论之言。②博:渊博。③高:尊敬,看重。④敢:果敢。⑤听贵聪,智贵明,辞贵奇:听觉灵敏则真伪不乱,智慧明晰则辨别可否,言辞巧妙则分辨是非。陶弘景注:"听聪则真伪不乱,知明则可否自分,辞奇则是非有诠,三者能行则功成事立,故须贵也。"

译文

所以与人辩论需要注意五种情况:病、恐、忧、怒、喜。病,指中气衰竭,没有精神;恐,指惶恐不安,肝肠寸断,心神无主;忧,指心情郁闷,不能与人交流;怒,指行事冲动,导致不可收拾的后果;喜,指夸夸其谈,注意力分散,抓不住要领。这五种情况,精通它才可以很好运用,对自己有利才能行动。所以和智慧的人说话,要靠渊博的知识;和学识渊博的人说话,要能言善辩;和能言善辩的人说话,要善于抓住要点。和高贵的人说话,要围绕权势来进行;和富人说话,要用尊敬的态度;和穷人说话,要从利益方面入手;和卑贱者说话,要态度谦和；和勇敢者说话，要果敢有力；和愚蠢者说话，要用对方容易理解的言语作答。这些是游说他人的方法，一般人的做法常常与之相反。

所以和智慧的人讲话，可以使他明白这些道理；和愚蠢的人讲话，把这些道理教给他，也是很难做到的。所以，论说有多种方法，事情也会千变万化。明白这个道理，整天说话也不偏离主题，做到有条不紊。虽然整天说话的内容不变化，也不迷失主旨。所以智慧重在不妄动，听话贵在听清楚，智慧贵在明辨事理，言谈贵在出奇制胜。

鬼谷子事典

因人施言，因材施教

纵横家在先秦诸子中别具特色，以审时度势、游说他人为己任。张仪、苏秦是战国时最有名的纵横家，他们一个主张连横，一个主张合纵，使各国诸侯以此为要务，可见其影响力。

古代游说之士之所以成功，就是因为了解了各方面的形势。古之圣贤孔子，也善于运用此道，他根据学生的不同特点因材施教，这也是善于权衡的说辩方法。

有一天，子路问孔子："闻斯行诸?"意思是问，听见了应该做的事，马上去做吗？孔子答："家里若有父兄在，得去问问他们。"过了几天，冉有也提出了同样的问题，孔子回答："应该马上去做。"

对同一问题，孔子的回答截然相反，弟子公西华感到奇怪，他问为什么，孔子说："子路争强好胜，性情急躁，得约束他，让他凡事谨慎。冉有遇事畏缩不前，要鼓励他，叫他看准了立

即去办。"孔子注意到弟子的性格特点,故能因人施言,因材施教。

有一次,孔子要子路、冉有谈谈志向。子路说:"如果要我去治理千乘之国,遇到战乱饥荒,只要三年,就能治平天下,使百姓安居知礼,士卒勇敢善战。"冉有想了半天说:"如果让我治理小国,大概三年后,才能使百姓得到温饱,至于建立礼乐制度,那要等待君子去做。"两人的回答,暴露了一个急躁,一个畏缩的性格特征。

人有贤与不肖,优劣短长,性格特点各不相同。《淮南子》中说:"智者之所短,不若愚者之所修;贤者之所不足,不若众人之有余。"这种思想对于我们有重要启发意义。人不是万能的,只有透彻了解其性格特点,善加利用,才会获得想要的效果。

耳聪、智明、辞奇

说话是一种艺术。有的人说话如行云流水、滔滔不绝,有的人却口舌木讷、羞于启齿;有的人说话字字珠玑,使人愉悦;有的人说话却字字伤人,令人生厌。"良言一句三冬暖,恶语伤人六月寒",这说明了在人际交往中语言艺术有着重要的作用。

鬼谷子认为"听贵聪,智贵明,辞贵奇",即耳聪、智明、辞奇,三者概括了论说时的关键所在,也是《权篇》的核心思想。耳朵灵敏,才能从对方的言辞中捕捉到有利信息。头脑精明,才能迅速思考问题,敏捷地做出反应,处于主动地位。言辞要奇诡多变,不可呆板贫乏。善于循循善诱,逐步深入,用不同的话论说一个主题。三者做好了,就能在论辩游说时立于不败之地。

历史上那些出色的游说者，不仅有言辩之才，更有精明的头脑，渊博的知识，以及洞察秋毫的观察力，由此才能做到审时度势，举轻若重，把握全局。读罢《权篇》，可知游说他人需要较高的综合素质，才能成功。

本篇所提到的佞言、谀言，说白了就是奉承话。生活中常能见到喜欢讲奉承话的人，尽管取悦一时，但终究令人反感。奉承话与赞美的言辞稍有不同。赞美的言辞，建立在事实基础之上，其出发点往往是善意的。生活中，适当赞美他人可以促进交往，缓解紧张气氛，可以使双方的会谈更融洽。

生意场上，赞美的言辞也大有妙用。销售产品时，适当赞美对方，就利于做成生意。商业谈判时，讲什么话，用什么语气，都关系到最终的结果。除了事先仔细斟酌外，也要注意临场发挥。善于言辞的人会占据先机，为了争取利益或避免损失，势必要讲究一下语言技巧。

任何事物都存在两面性。尽管在生活中，绝大多数人都爱听奉承的话。奉承的话让人心情愉悦。可是，奉承的话犹如有毒的花，绽开时美丽鲜艳，结出的果实却含有毒素。

《菜根谭》曰："耳中常闻逆耳之言，心中常有拂心之事，才是进德修行的砥石。若言言悦耳，事事快心，便把此生埋在鸩毒之中也。"可见，常听逆耳忠言，就能修身养性，提升品德；常听奉承之言，就会精神松懈，如同中了慢性毒药，贻误自身。

谨言慎行，把握分寸

鬼谷子在《权篇》中说："故无目者，不可示以五色，无耳者，不可告以五音。故不可以往者，无所开之也；不可以来者，无所受之也。物有不通者，圣人故不事也。"这说明古人很注意

鬼谷子

选择谈话的对象和把握论说的深浅,不可以向失明者展示色彩,不可以向失聪者谈论音乐。

类似的话在孔子《论语》中也有表述:"可与言而不与之言,失人;不可以言而与之言,失言。知者不失人,亦不失言。"又曰:"言未及之而言,谓之躁;言及之而不言,谓之隐。未见颜色而言,谓之瞽。"这是说要抓住谈话的对象不放,又要把握谈话的分寸。

嘴巴不仅用来吃饭,也要用来讲话。然而,话多了容易犯忌讳。没有视力的人,就不要向他展示颜色;没有听力的人,就不要与他谈论音乐。鬼谷子认为,即使有雄辩之才,也应谨言慎行。如果说出的话没有效果,就不要去说。如果说出的话容易伤害对方,甚至犯忌讳,就一定不要说。

三国时的杨修喜欢卖弄小聪明。曹操出兵汉中,军队面临诸多不利,一时进退两难。这天晚上,厨子端来一盆炖鸡。部将夏侯惇前来请示口令,曹操看到鸡肋,随口说:"鸡肋。"在军队做文职工作的杨修听到这个口令,便叫兵卒收拾行装,并自作聪明说:"鸡肋,食之无味,弃之可惜,看来丞相要撤兵了。"曹操闻讯大怒,以惑乱军心的罪名把杨修处死。杨修自作聪明,恃才傲物,锋芒毕露,结果犯了曹操的大忌,故而遭到杀害。

因此,不说废话、不犯忌讳,全在于能否收敛自己。谨言慎行才能减少过错,锋芒不露才能避免遭嫉。一旦遭嫉,就容易结怨,也容易被人诬陷。流言蜚语多了,"是"可以说成"非","白"可以说成"黑"。俗话说,"害人之心不可有,防人之心不可无",这是我们要牢记在心的。

统筹兼顾,趋利避害

鬼谷子在《权篇》中说:"智者不用其所短,而用愚人之所长；不用其所拙，而用愚人之所工。"这符合朴素的唯物辩证法思想。个体的能力毕竟有限，只有善于利用他人长处，才能立于不败之地。关于这种优劣短长的辩证关系，在《淮南子》中也有论述："智者之所短，不如愚者之所修，贤者之所不足，不若众人之有余。"

鬼谷子认为，只有善于扬长避短，才能趋利避害。在战争中，将帅考虑问题，应该做到统筹兼顾。战争中的利害关系，既互相依存，又互相转化，是矛盾的统一体。这种关系贯穿于战争始终，用理论指导实践时，尤其要格外注意。

楚汉战争时，大将韩信背水一战消灭赵国后，想乘胜北击燕国，东伐齐国。谋士李左车说："我军大败赵军，已是闻名天下。然而军队苦战疲劳，以疲劳的军队攻打坚实的堡垒，难以速战速决，必然受到挫败。燕国攻不下来，齐国可以加强防御。善用兵者，不以短击长，而以长击短。现在最好休整军队，装出进攻燕国的样子，同时派人宣扬军威，招降燕国。燕国一投降，齐国就不得不屈服了。"韩信权衡利害，听从李左车的建议，充分考虑利害关系，扬长避短，最终招降燕国，达到了不战而屈人之兵的目的。

生活中的言谈论辩，也可以运用"扬长避短"的手段和方法。俗话说，"欲速则不达"，从辩证法的观点来看，贪图利益想快速成功很容易招致失败。事物的变化发展是有规律的，正如星辰运转，四季更替，对于这些客观规律，人力无法去改变和抗衡，只能去适应。鬼谷子在《权篇》中强调了这一点。因此，那些忽视客观规律，企图找捷径达到目的，为了一点蝇头小利不惜有辱道德的，往往达不到预期效果，甚至一无所获。

尊重事实,委婉陈述

作为游说他人的谋士,应该能够权宜局势,选择恰当说辞。游说时,有些话可以直接说出来,有些话就要委婉陈述,不然会使对方尴尬,对方会难以被接受。恰当而又犀利的言辞往往打动对方。同时,游说他人不能违背事实,否则很难取信于人。

齐国的晏子深谙此道。一次,齐景公的马夫杀掉了马棚里的一匹老马。因为那匹马实在太老了,又生了病,可能会传染,马夫便自作主张将老马杀了。景公听到后勃然大怒,立即让人绑了马夫。因为这匹老马曾经跟随景公多年,出生入死立下很多功劳,在景公的眼里宝贵异常,他要为爱马报仇。

马夫没想到自己尽职尽责,一番好意竟惹来了杀身之祸,吓得面如土色,一句话也说不出来。晏子在一旁看见了,急忙拦住齐景公:"大王不必着急,你这样杀了他,他连自己犯了什么罪都不明白,太便宜他了。臣愿替大王历数他的罪过,然后再杀也不迟!"

齐景公一听,似乎有点道理,便答应了晏子。于是,晏子走近马夫,装作气急败坏的样子,用手指着马夫,厉声说:"你可知犯了什么罪?"马夫站立不住,浑身颤抖,一句话也说不出来。

"第一,你为国君养马,却把马给杀了。虽然那匹马又老又有病,但它是国君的马。就这一点,此罪当死。第二,你使国君因马被杀而杀养马之人,此罪当死。第三,你使国君因马被杀而杀养马之人,此事传遍诸国,使国人皆知国君爱马而不爱人,得不仁不义之名,此罪当死。第四……"

晏子还要接着说,齐景公坐不住了,连忙打断:"不必说了,放了他吧,免得我落个不仁不义之名,让人笑话。"

按照鬼谷子的理论,劝说他人要善于权衡得失,就是根据事情的轻重缓急而不断变换砝码。劝说过程中,要根据不同情况而选择适当的说服方法。从上面的故事可以看到,晏子善于揣摩君心,在摸清实情的基础上,采用了正话反说的方式,达到了预期效果,从而救了马夫的性命。

主张明确,观点鲜明

鬼谷子在《权篇》中说:"故繁言而不乱,翱翔而不迷,变易而不危者,睹要得理。"繁言不乱,观要得理,可以说是论述问题能否成功的关键所在。这在先秦诸子著作中多有论述。《韩非子》曰:"言会众端,必揆之以地,谋之以天,验之以物,参之以人。四征者符,乃可以观矣。"《淮南子》曰:"说者之论,诚得其数,则无所用多矣。夫车之所以能转千里者,以其要在三寸之辖。夫劝人而弗能使也,禁人而弗能止也,其所由者非理也。"这些论述,可以与鬼谷子的言论相互论证。

常言道,说话要说在点子上。如果言谈没有主旨,纵然巧言如簧千变万化,也是白费口舌。作为游说之士,劝说他人一定要摸清对方底细,在此基础上采取对方能够接受的劝说方式。因此,鬼谷子说:"成义者,明之也。"成义,指在劝说的时候提出明确主张,说明其中道理,力求观点鲜明,论据充分论述清楚,这样才有说服力。

此外,与人辩论还要注意五种情况:病、恐、忧、怒、喜。病,指中气衰竭,没有精神;恐,指惶恐不安,心神无主;忧,指心情忧戚,不能交流;怒,指行事冲动,语无伦次;喜,指夸夸其谈,不得要领。针对这五种情况,要采取不同的方式,对自己有利才能行动。

鬼谷子说:"与富者言,依于高。"社会背景不同的人,他们

的思维方式也不一样。同一背景下的人,沟通起来比较容易;不同背景下的人,沟通起来就不顺畅,甚至根本无法沟通。文化层次不同的人,也有这样的问题存在。所以,交谈前要事先了解对方,才能做到有效沟通。看问题不能停留在表面,而要深入分析问题。论说的方式有多种,事情也会千变万化。明白了这个道理,就能做到有条不紊。

谋篇第十

《谋篇》与《权篇》前后相连,关系紧密。谋与权本为一体,二者不可分割。谋是谋划,权是权衡。两篇的主题思想和基本目标,都是论述"游说"的方法及实施。"人之有好也,学而顺之。人之有恶也,避而讳之",因此,游说最忌讳的是盲目妄动,要对他人的心理状态有所了解。制定谋略要暗中进行,"圣人之道,在隐与匿",做到这些才能成功。

"运筹帷幄之中,决胜千里之外。"这是谋略用之于军事的绝佳效果。当然,谋略可以应用在生活的各个层面,并且往往能够事半而功倍。本篇由此展开,以"谋略"为中心铺陈立说,详细介绍了谋略的各个方面,辩证说明了谋略的产生条件以及运用方法。篇中指出,"凡谋有道,必得其所因,以求其情","相益则亲,相损则疏","事贵制人,而不贵制于人。制人者握权也,见制于人者制命也"。诚为精当之论,道理深刻,值得借鉴。

原文

凡谋有道①,必得其所因,以求其情②。审得其情,乃立三仪③。三仪者:曰上,曰中,曰下,参以立焉④,以生奇。奇不知其所壅,始于古之所从。故郑人之取玉也,载司南之车⑤,为其不惑也。夫度材量能揣情者,亦事之司南也。故同情而相亲者,其俱成者也;同欲而相疏者,其偏害者也。同恶而相亲者,其俱害者也;同恶而相疏者,偏害者也⑥。故相益则亲,相损者则疏。其数行也,此所以察异同之分也。故墙坏于其隙,木毁于其节⑦,斯盖其分也。

注释

①凡谋有道:要想谋划说服他人的策略。《易》:"君子以作事谋始。"孔颖达疏:"凡欲兴作其事,必须谋虑其始。"②得其所因,以求其情:要调查对方的心理状态,就要掌握他的实情。因,依靠,凭借;情,实情,情形。③三仪:本指天、地、人,天在上,地在下,人居中。④参以立焉,以生奇:三仪互相渗透,就可策划出奇谋妙计。陶弘景注:"言审情之术,必立上智、中才、下愚。"⑤司南之车:即指南车。司南是一种测方向的仪器。⑥同恶而相疏者,偏害者也:假如二人有同样恶习而关系疏远,只能是一方受害。⑦墙坏于其隙,木毁于其节:墙倒屋塌在于有缝隙,树木毁坏在于有节疤。"墙"又作"缟",指环绕住宅周围所建的土墙。墙有一点裂痕就有崩毁的可能,树则从节疤处开始腐败。一般人际交往也往往是从空隙处发生破裂。

译文

凡是筹划计谋,都要遵循一定的规律,并要掌握规律背后的依据，这样才能得到实情。知道实情后，确立上、中、下三仪。所谓三仪，指上智、中才和下愚。三者互相参照，就能定出奇谋妙计。奇谋妙计能够通达易行，开始于古人的社会实践。郑人入山采玉时，都要驾上司南之车，这是为了不迷失方向。揣度才干、衡量能力和获知实情，这是做事的指南针。所以，众人同心协力谋划事业，就会关系亲密，共同获得利益。想法一致的人共同做事，如果是部分受益，部分受损，就会关系疏远。有共同仇恨的事物就会相互亲近，因为他们都是受害者；有共同仇恨的事物而关系疏远，一定是其中一部分人受到了损害。所以，如果有共同利益就会相互亲近，如果其中一方受到损害就会相互疏远，这是一种规律。这种规律，可以作为观察同心或异心的标准。墙壁坍塌是因为缝隙的存在，树木毁坏是因为树木有节疤，因为缝隙和节疤都是它们的分界之处。

原文

故变生事，事生谋，谋生计，计生议，议生说，说生进，进生退，退生制。因以制于事，故百事一道而百度[①]一数也。夫仁人轻货[②]，不可诱以利，可使出费；勇士轻难，不可惧以患，可使据危；智者达于数，明于理，不可欺以不诚，可示以道理，可使立功，是三才[③]也。故愚者易蔽也，不肖者易惧也，贪者易诱也，是因事而裁之[④]。

注释

①百度：各种事情的节度。陶弘景注："言事有本根，各有从来，譬之卉木，因根而有枝条花叶，故因变隙然后生于事业，事业者，必须计谋成；计谋者，必须议说；议说者，必有当否，故须进退之。既有黜陟，须别事以为法，而百事百度，何莫由斯

而至，其道数一也。"②仁人轻货：有德行的人不看重财货。③三才：指仁人、勇士、智者三种人才。④因事而裁之：根据情况做出判断和进行裁夺。裁，判断、裁夺。

译文

因此，事物是不断变化发展的，变化的事物会产生问题，解决问题需要商定计谋。商定计谋需要言辞论说，仔细斟酌，并制定方法。有利于事情的发展，就要促使前进，进而不能则退，退若适当，不失为控制事情的好方法。所以，各种制度，其根本道理都是相同的。一般来说，仁人君子是看轻财物的，所以不能用利益诱惑，可以让他们提供财物；勇猛之士是轻视危难的，所以不能用祸患去恐吓，可以让他们扼守险要；有智慧的人通达事理，不可以随意欺骗，却可以讲明道理，让他们建功立业。这是三种人才。所以说，愚昧的人容易被蒙蔽，不肖之徒容易被吓倒，贪婪的人容易被利诱，应根据不同的情况采取不同的方法。

原文

故为强者，积于弱也；为直者，积于曲也；有余者，积于不足也。此其道术行也。故外亲而内疏①者，说内；内亲而外疏者，说外。故因其疑以变之②，因其见以然之③，因其说以要之，因其势以成之④，因其恶以权之，因其患以斥之。摩而恐之，高而动之⑤，微而正之，符而应之⑥，拥而塞之，乱而惑之⑦，是谓计谋。

注释

①外亲而内疏：外表亲近，内心疏远。②因其疑以变之：根据对方的疑问来改变游说内容。陶弘景注："若内外无亲而怀疑

者,则因其疑以变化之,彼或因变而有所见,则因其所见以然之。"③因其见以然之:根据对方的表现判断游说活动是否得法。④因其说以要之,因其势以成之:陶弘景注:"既然见彼或有可否之说,则因其说要结之;可否既形,便有去就之势,则因其势以成就之。"⑤摩而恐之,高而动之:陶弘景注:"患恶既除,或恃胜而骄者,便切摩以恐惧之,高危以感动之。"⑥微而正之,符而应之:陶弘景注:"虽恐动之,尚不知变者,则微有所引据以证之,为设符验以应之也。"符,验证。⑦拥而塞之,乱而惑之:陶弘景注:"虽有为设引据符验,尚不知变者,此则惑深不可救也。便拥而塞之,乱而惑之,因抵而得之。"拥,通壅,用土堵。塞,封闭。

译文

所以,弱小可以蓄成强大,弯曲可以变成笔直,不足可以积成有余,就看运用是否合理。对那些外表亲近而内心疏远的人,要从内心入手游说,用真诚来打动;对那些内心亲近而外表疏远的人,要从外部入手游说,以求表里如一。因此,顺着对方的疑问来改变游说的内容,根据对方的发现来肯定他的看法,根据对方的言辞去迎合他的本意,根据利于对方的形势去成全他,根据对方憎恶的东西来帮他谋划解决,根据对方可能造成的祸患来设法排除。如果这些不能有效,就要在摸清对方意图之后再威胁,夸大事情的严重性使之动摇。进一步借助事实和例证使他有所改变。堵塞、蒙蔽他,使他处于混乱迷惑之中。这些做法就是"计谋"。

原文

计谋之用,公不如私,私不如结①,结而无隙者也。正不如

鬼谷子

奇②，奇流而不止者也。故说人主者，必与之言奇；说人臣者，必与之言私。其身内，其言外者疏③；其身外，其言深者危④。无以人之所不欲而强之于人，无以人之所不知而教之于人。人之有好也，学而顺之；人之有恶也，避而讳之。故阴道而阳取之⑤也。故去之者纵之，纵之者乘之⑥。貌者，不美又不恶，故至情托⑦焉。可知者，可用也；不可知者，谋者所不用也。故曰事贵制人，而不贵见制于人。制人者握权也；见制于人者制命⑧也。

注释

①私不如结：暗地谋划不如结为死党。结，系连，打结。陶弘景注："公者扬于王庭，名为聚讼，莫执其咎，其事难成，私者不出门庭，慎密无失，其功可立，故曰公不如私，虽复潜谋，不如与彼要结，二人同心，物莫之间，欲求其隙，其可得乎。"②正不如奇：正攻虽然合理，不如使用奇计。陶弘景注："正者循理守常，难以速进；奇者反经合义，因事机发。故正不如奇。奇计一行，则流通而不知止。故曰奇流而不止也。"正，规范，标准。③其身内，其言外者疏：内，内部；疏，疏远。虽然知情，但把内情泄露于外，这种人就会被疏远。④其身外，其言深者危：虽然是外人，但言论却深通内情，这种人就会陷于危险。陶弘景注："身在内而言外泄者，必见疏也；身居外而言深切者，必见危也。"⑤阴道而阳取之：用隐秘的方法获取对方的欢心。顺从对方又恐忌讳，暗中进行就不伤感情。陶弘景注："学顺人之所好，避讳人之所恶，但阴自为之，非彼所逆，彼必感悦，明言以报之，故曰阴道而阳取之也。"⑥去之者纵之，纵之者乘之：欲擒先纵，趁机取利。陶弘景注："将欲去之，必先听纵。令极其过恶，过恶既极，便可以法乘之，故曰从之者乘之也。"⑦至情托焉：以真情相托，完全值得信赖。陶弘景注："貌者，谓察

谋篇第十

人之貌,以知其情也。谓其人中和平淡,见善不美,见恶不非。如此者,可以至情托之,故曰至情托焉。"⑧制命:命运被人所制。

译文

  计谋的使用,公开进行不如私下谋划,私下谋划不如结成死党,结成死党可使双方的关系亲密无间。循规蹈矩不如出奇制胜,奇计一出就像河水奔流一样无法阻止。所以,游说君主一定要和他讨论奇计的运用,才能引起他的关注;游说人臣一定说与他的私人利害关系,方可实施。

  如果处于圈子之内,却把内情泄露于外,就会被疏远;如果处于圈子之外,却到处显露内情,就会带来危险。不要把对方不想要的东西强加于人,不要把对方不想知道的强教给人。对方有某种爱好,可以学习相关的东西以迎合他;如果对方有厌恶的东西,就要加以避讳,以免引起对方不快。所以,暗地筹划计谋,可以获取对方欢心。要想除掉对方,就先去放纵他;使其罪行不可饶恕,然后找机会除掉他。在外貌上,能做到不把喜怒等感情在脸上流露出来的人,可以把大事托付给他。如果对一个人了解,可以任用他;如果不了解,有谋略的人不会任用他。所以,做事情看重的是控制对方,而不是被对方控制。控制对方的人,手中掌握主动;被控制的人,命运也被对方控制。

原文

  故圣人之道阴,愚人之道阳①。智者事易,而不智者事难。以此观之,亡不可以为存,而危不可以为安②。然而无为而贵智矣。智用于众人之所不能知,而能用于众人之所不能见。既用,见可,否择事而为之,所以自为也。见不可,择事而为之,所以

为人也。故先王之道阴。言有之③曰:"天地之化,在高与深,圣人之制道,在隐与匿。"非独忠信仁义也,中正而已矣。道理达于此义,则可与语。由能得此,则可与谷④远近之诱。

注释

①圣人之道阴,愚人之道阳:圣人谋划事情,隐而不露;愚人谋划事情,张扬外露。道,谋略,原则。阴,隐秘,隐藏。阳,公开,张扬。陶弘景注:"圣人之道,内阳而外阴;愚人之道,内阴而外阳。"②亡不可以为存,而危不可以为安:救亡图存和转危为安都是很难的事,唯独智者才能做到。陶弘景注:"智者宽恕故易事,愚者猜忌故难事。然而不智者必有危亡之祸,以其难事,故贤者莫得申其计画,则亡者遂亡,危者遂危,欲求安存,不亦难乎!今欲存其亡,安其危,则他莫能为,惟智者可矣。故曰无为而贵智矣。"③言有之:古语有这种说法。陶弘景注:"言先王之道,贵于阴。密寻古遗言,证有此理,曰天地之化,唯在高深;圣人之道,唯在隐匿。所隐者中正,自然合道,非专在忠信仁义也。故曰非独忠信仁义也。"④谷:荞,引申为商讨之意。

译文

所以,圣人施展计谋隐而不露,愚人施展计谋公开张扬。有智慧的人成事会很容易,愚钝的人成事就比较困难。由此看来,灭亡的事物不会继续存在,危乱的局面难以转危为安。在这种情况下,无为而治,顺应规律是最高明的。智慧要用在常人察觉不到的地方,才能则要用在常人发现不了的地方。智慧和才能的使用要做到隐秘,在使用的时候,如果情况允许就不要公开,选择一些事自己做;如果情况不允许,就选择一些事让他人去做,并且表明这是为了对方。

所以，先王之道是隐而不露的。俗话说："天地的造化，在于高深莫测；圣人制定谋略，在于隐秘和藏匿。"然而，使用谋略不能背弃忠信仁义的原则，还要做到中正。用这种方法使用谋略的人，才能和他共同商议计谋。如果能做到这些，就可以取悦远近的人，进而使天下人归顺。

鬼谷子事典

祸从口出，言多必失

鬼谷子认为，说话是应该有所忌讳的，而不能由着自己的性子乱来。这与民间的一句古语"言多必失"的道理是一样的。确实，在现实生活中，如果一个人总是滔滔不绝地讲话，说的话多了，就自然而然地暴露出许多问题。比如你对事物的态度，你对事态发展的看法，你今后的打算等，会从谈话中流露出来，这些被你的对手所了解，他会制定出相应的策略来战胜你。而且，你的话多了，其中内容自然会涉及其他人。由于所处的环境不同，人的心理感受不同，而同一句话由于地点不同、语气不同，所表达的情感也不尽相同，别人在传话的过程中也难免会加入他个人的主观理解，等到你所谈的内容被谈话对象听到时，可能已经大相径庭，势必造成误解。另外，人处在不同的状态下，讲话时心情不同，话的内容也会不同，心情愉快的时候，看事看人也许比较符合自己的心思，故而赞誉之言辞可能会多；有时心情不愉快，讲起话来不免会愤世嫉俗，讲出许多过头的话，会招来很多麻烦。

喜时之言多失言，怒时之言多失体。古人很早就认识到"祸从口出"的道理，所以才指出，开口说话一定要持谨慎态度。

鬼谷子

《孔子家语》中记载,孔子到周朝观礼,进了后稷的庙,见有3尊金铸人像,几次闭口不说话,而是在金铸人像背后题字:"这是古时小心说话的人,要以他为戒啊,不要多说话,多说话就会有过失。不要说没有什么危害,那是很大的灾祸。"

最大的灾祸莫过于说话太多。看看下面的例子,你就不难理解先辈们对言辞要忍耐的论述了。

南北朝时,贺若敦为晋朝的大将,自以为功高才大,不甘心居于同僚们之下,看到别人做了大将军,唯独自己没有被晋升,心中十分不服气,口中多有抱怨之词,决心好好干它一场。

不久,贺若敦奉调参加讨伐平湘洲战役,打了个胜仗。全军凯旋,这应该算是为国家又立了一大功吧,他自以为此次必然要受到封赏,不料由于种种原因,反而被撤掉了原来的职务,为此他大为不满,对传令史大发怨言。

晋公宇文护听了以后,十分震怒,把他从中州刺史任上调回来,迫使他自杀。临死之前他对儿子贺若弼说:"我有志平定江南,为国效力,而今未能实现,你一定要继承我的遗志。我是因为这舌头把命都丢了,这个教训你不能不记住呀!"说完了,他便拿起锥子,刺破了儿子的舌头,想让他记住这个教训。

光阴似箭,斗转星移,转眼几十年过去了,贺若弼做了隋朝的右领大将军,他没有记住父亲的教训,常常为自己的官位比他人低而怨声不断,自认为当个宰相也是应该的。不久,还不如他的杨素做了尚书右仆射,而他仍为将军,未被提拔,他气不打一处来,不满的情绪和怨言便时常流露出来。

后来一些话传到了皇帝耳朵里,贺若弼被逮捕下狱。皇帝杨坚责备他说:"你这个人嫉妒心太强,自以为是,随口胡说,目无长官。"但因为他有功,不久也就被放了。他还不吸取教训,又对其他人夸耀他和皇太子之间的关系,说皇太子杨勇跟他之间，情谊亲切，连高度的机密，也都对他附耳相告，言无不尽。

后来杨勇在隋文帝那里失势，杨广取而代之成为皇太子，贺若弼的处境就可想而知了。

隋文帝得知他又在那里大放厥词，就把他召来说："我用高颎、杨素为宰相，你多次在众人面前放肆地说'这两个人只会吃饭，什么也不会干，这是什么意思？'言外之意是我也是废物不成？"

贺若弼回答说："高颎是我的老朋友，杨素是我舅舅的儿子，我了解他们，我也确实说过他们不适合担任宰相的话。"因他言语不慎，得罪了不少人，朝中一些公卿大臣怕受株连，都揭发他过去说的那些对朝廷不满的话，并声称他罪当处死。

隋文帝对贺若弼说："大臣们对你都十分厌烦，要求严格执行法度，你自己寻思可有活命的道理？"

贺若弼辩解说："我曾凭陛下神威，率八千名士兵渡长江活捉了陈叔宝，希望能看在过去功劳的份上，给我留条活命吧！"

隋文帝说："你将出征陈国时，对高颎说：'陈叔宝被削平，问题是我们这些功臣会不会飞鸟尽，良弓藏？'高颎对你说：'我向你保证，皇上绝对不会这样。'是吧？等到消灭了陈叔宝，你就要求当内史，又要求当仆射。这一切功劳，过去我已格外重赏了，何必再提呢？"

贺若弼说："我确实得到了陛下的重赏，今天还希望赏我活命。"

此时他再也不敢攻击别人了。隋文帝考虑了一些日子，念他劳苦功高，只把他的官职撤销了。

父子两代人，都是因言多而坏事，所以要忍住那些不该讲的话，以免招致不必要的祸端。

可见，话是不能随便乱说的，话说多了肯定会有失言的时

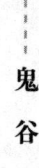

鬼谷子

候。祸从口出，病从口入。管不住自己的舌头的人，不仅容易伤人，而且容易惹祸。当然，慎言不是不说话，慎言是该说话时就说，不该说话时永远不要说。人的思想是自由，但言语的肆无忌惮会带来灾害，因言成祸的事总在警醒人们还是以谨慎为好。所以，说话不能信口开河，因为它暴露出来的东西会让别有用心的人利用。许多人往往在别人的鼓励下畅所欲言而致祸，这方面的教训是深刻的。今人要切记，切记！

谀言者，博而于智

《权篇》中有一句话说："谀言者，博而干智。"这句话的意思是："说着赞美之话的人，会因赞美对方而显得有智慧。"其实，这句话也体现了十足的做人智慧。如果生活中的每个人都能在适当的时候，献上那么几句好听的话，必能活跃气氛，而且还有可能将窘境在顷刻之间消除掉。

朱元璋当上皇帝以后，忽然心血来潮，要去皇觉寺参习，因为他幼年时曾在皇觉寺做过僧人，想起当年信口所作的几首打油诗，他便想去看看是否在墙上。他想重温旧梦，重新体验一下当年的感受。解缙是当时文渊阁侍读大学士，很有才华，所以这样的事少不得要他陪王伴驾。

皇觉寺的方丈听说当年的小沙弥成了如今的皇上，而且还要光临本寺，自然是高兴万分，急忙把寺庙里里外外打扫得干干净净，之后才开门亲自迎接皇帝。

朱元璋进寺后也不说话，只是四处寻找当年所题之诗，但怎么也找不到，就严肃地问方丈："当年我题在寺院墙上的那些诗，现在怎么一首也找不到了？"

方丈一听，顿时傻了眼，才知皇上千里迢迢而来，竟然是为了这个。原来的题诗早已被擦洗干净，但又不能如实地回答，急得他只知用于在空中比画一通,说不出话来。于是便用眼睛瞅着解缙,希望他能够帮助自己摆脱窘境。

解缙和老和尚原本是一对文友,空闲之余经常在一起吟诗赋对,现在方丈有难,解缙自然要帮他一把了。

解缙见朱元璋一脸茫然、迷惑不解的样子,就急忙出来打圆场说:"陛下,方丈一见您的圣面,神情紧张,急得连话也说不出来了,他用手比画是在作诗呢,您没看出来吧?"

"什么,有这等事?"朱元璋很有兴致地问,"那他在比画些什么呀?你说给我听听。"

解缙随口答道:"圣上题诗不敢留。"

朱元璋拦住话头惊问道:"为什么?"

"诗题壁上鬼神愁。"

朱元璋见自己的诗有这么大的威力,就挥挥手说:"那就擦掉得了。"

"掬来法水轻轻洗。"

"难道一点痕迹也没留下吗?"朱元璋不问出点什么来似乎还不甘心,仍然对当年的题诗念念不忘。

解缙不慌不忙地说:"犹有龙光照斗牛。"

一番话说得朱元璋开怀大笑。他知道解缙这是在夸赞自己,也就作罢,不再追究什么了。

还有一次,解缙陪朱元璋在御花园的池塘里钓鱼,解缙对垂钓很在行,一会儿工夫就钓了半篓子鱼。而朱元璋因是戎马出身,钓鱼沉不住气,频频拉钩看有没有鱼,结果一条鱼也没能钓着。

朱元璋看解缙那里一会儿一条,就来了气,把钓鱼竿一甩,起身走了。

解缙一看这下可坏了,万岁爷一旦动了怒,可不是闹着玩

鬼谷子

的,所谓"伴君如伴虎",要是把皇上惹恼了,自己可能就要有麻烦了。为了平息皇上的火气,他就对着朱元璋的背影轻松悠闲地吟了一首打油诗:数尺丝纶落水中,金钩一抛影无踪。凡鱼不敢朝天子,万岁君王只钓龙。

朱元璋一听,顿时一腔怒气全消,跑到爪哇国去了,连夸解缙是一个奇才。

显而易见,解缙在这里所运用的就是"谀言"。在面对"老和尚私自涂掉皇上笔迹"和"解缙钓技远在皇帝之上"这两件事时,解缙把握住了献"谀言"的时机,终于让朱元璋转怒为喜。

所以说,在待人处世中,适当的"谀言"是必要的,而且也是必需的。适当的"谀言"不是"拍马""溜须",它体现了一个人的机智敏捷和灵活变通。

通权达变,灵活应对

鬼谷子先生的"权术"对今人的为人处世很具有现实指导性。一般说来,只要能领会这种"权术",就可以在面对突如其来的灾祸时,做到通权达变,从而找到化解祸端的方法。

在这里,不妨先看一看王羲之小时候在面临突如其来的灾祸时,是如何通权达变、机智灵活地应对的。

王羲之的家族,是东晋有名的望族,他的两位伯父是拥立司马睿建立东晋的佐命功臣,一位叫王导,任东晋宰相,另一位叫王敦,任大将军,掌管东晋的兵马大权。当时社会上流传着"王与马共天下"的说法。王氏家族在东晋政权中,权势之盛,地位之高,无人能及。

王敦虽已位极人臣,享尽荣华,但他的野心很大,眼睛瞄着金銮殿上的宝座,一心想尝尝当皇帝的滋味。王敦的谋士钱凤,一直在为王敦打气;他自己也想借此捞个开国元勋。二人气味相投,成为知己。

初夏的一个早晨,王敦起床不久,钱凤急如星火地走进王府大门,直奔客厅而来,王敦得报后立即到客厅与他见面。钱凤欲言又止,向王敦使了个眼色。王敦抬起右手挥了挥,几个仆人都知趣地退了下去。二人关起门来,谈起了"谋反"的机密。

钱凤用极为神秘的口气,小声地对王敦说着。钱凤带给王敦的似乎是一个不祥的消息,王敦听着听着,眉头也渐渐地皱了起来。二人情绪紧张,嘀嘀咕咕地谈了好一阵子,王敦突然激动地站了起来,手一挥,正要开口说话,突然停了下来:原来他透过窗子,看到对面房间里垂着的帐子动了一下,这使他想起侄儿王羲之还在床上睡觉。

王羲之这一年才十二岁,平时最受王敦器重。王敦把聪明机灵、悟性极高的王羲之,看作是维持王氏家族地位的"荣誉"标志之一,是王家下一代人中的佼佼者。因此,经常把王羲之带在身边,留他在自己府中生活。这一次,王羲之已连续几天吃住在王敦家中了,他的卧室恰好紧挨着客厅。当钱凤到来时,因为双方都很紧张,王敦便把王羲之在屋里睡觉的事忘得一干二净。直到王敦站起身来,看到帐子动了一下,才想起来。于是,王敦大惊失色,对钱凤说:"不好!羲儿还在这里睡觉。我们刚才说的话,让他听去了可怎么办?"

策划起兵、夺位,是一件冒天下之大不韪的事,一旦走漏风声,策划者的身家性命将难保,王敦和钱凤对此是十分清楚的。经王敦一提起,两眼射出凶光的钱凤对王敦急促地说:"大将军,计划泄漏出去,我们就死无葬身之地了。量小非君子,无毒不丈夫啊!"钱凤怂恿王敦去杀王羲之。

半晌,王敦没有吭声。

"大将军,要成大事,不敢作敢为不行。当断不断,反受其

鬼谷子

乱啊！"钱凤焦急地催促王敦下手。

听了钱凤的话，王敦心一横，脚一跺，说："对，不能儿女情长。"接着转头向着王羲之睡觉的那个房间点点头，"羲儿呀，你就莫怪我这做伯伯的无情无义了！"王敦拔出了寒光逼人的青龙宝剑，提剑直奔王羲之睡觉的床前。钱凤紧随其后。

王敦进屋后撩起帐子，准备挥剑砍下去，却突然停了下来。原来王羲之这时发着微微的鼾声，睡得正香甜呢，头歪在一边，胸脯随着均匀的呼吸一起一伏。王敦掀起帐子，王羲之也毫无反应。王敦爱怜地望着侄儿，庆幸自己的密谋并没有被侄儿听去，于是，打消了杀侄儿的念头。王敦收回宝剑把它插入鞘中，拉着钱凤的手走了出去。

实际上，打钱凤进门时起，王羲之就已醒来，无意中偷听到了伯父与钱凤的谈话。很快，王羲之意识到了自己的处境非常危险。

当王敦提剑向他走来之时，王羲之尽力使自己平静下来，两眼闭着，神态自若，完全像睡着一样，一点儿破绽也没有露出来。王敦因此才没有下手。王羲之以自己的机警和通权达变，避免了一场无妄之灾，保住了自己的性命。

由此看来，祸端的发生与否，有时就在一瞬间，就在于能否灵活应对。人生在世如果不懂得这其中的道理，当祸端出现时就只能眼睁睁地看着它进一步恶化，而自己却无能为力。如果能做到通权达变，情形则会完全相反。

筹划计谋，左右逢源

战国时，孟子讲治学之道，学生问怎样才能做到高深的学问。孟子说："方法要对，态度要好，学习知识有心得，久而久之，做到了广、深、透，就能左右逢源、得心应手，取之不尽、用之不竭。"左右逢源，原指学识广博，应付裕如。这里指一种处世之道，比喻做事功夫到家，就会得心应手。典出《孟子·离娄下》："资之深，则取之左右逢其原。"对于处世而言，能够左右逢源的人，可以借助多方力量，不断走向成功。

战国时，秦军大举进攻赵国，赵国邯郸岌岌可危。秦军围困邯郸长达三年，邯郸城内无粮草外无救兵，情况危急。东周王室的国君看到赵国处境艰难，认为秦国灭赵后，一定会来吞并他们。于是对相国说："秦国攻克邯郸是早晚的事，为了东周的社稷苍生，请你辛苦一趟，到秦国去见秦王，要求我们两国结好。"这时，有大臣前来汇报："邯郸传来消息，魏公子信陵君窃符救赵，秦军大败退回关中。秦国名将白起也自杀了。"

东周国君听了，沉吟半晌。他原想派相国到秦国结好，为的是找个靠山，免受刀兵之灾。听说秦军大败，白起已死，便对相国说："秦军重创，国势骤衰，你不必去了。"

相国手下有个谋士足智多谋，洞悉天下大势，便劝说东周除了和东方大国齐国交好，还是照计划去和秦国结好。那样，东周才能立于不败之地。因为看透了各国间的复杂利益关系，东周国君采纳了这条与秦交好的建议，使东周在战国争雄的局面中勉力维系。

鬼谷子认为：遵循一定的法则去筹划计谋，必须查明事情原委，在实情的基础上做到左右逢源，就可以立于不败之地。东周相国的谋臣便是根据这个道理，做出了上面的谋划。

逆向思维，运筹帷幄

出奇制胜，是许多将帅所追求的目标。对于出奇制胜的奥妙，鬼谷子认为："奇不知其所壅，始于古之所从。"孙子兵法云："凡战者，以正合，以奇胜。故善出奇者，无穷如天地，不

竭如江海。"

一般来说，谋略可以分为上谋、中谋、下谋。上谋是无形的谋略，它容易获得成功，而使人毫无知觉；中谋是有形的谋略，帮助人们成就事业。下谋是迫不得已时的救急之策，虽然也能解决问题，但费力伤物。以上三种计谋，需要根据不同情况制定方案。

田忌赛马的故事，体现了孙膑的奇谋妙计。孙膑在齐国田忌府中当门客。有一天，田忌从外面回来，坐在屋中生闷气。原来是田忌要和齐威王赛马。他们把各自的马分成上、中、下三等。比赛时，上马对上马，中马对中马，下马对下马。由于齐威王每个等级的马都很强，所以比赛了几次，田忌都失败了。

孙膑了解情况后，就走过去说："再比一次，一定能赢。"田忌很疑惑："你是说另换一批马？"孙膑摇头地说："一匹马也不换。"田忌说："那还不是输！"孙膑胸有成竹地说："你就照我的安排做。"

第二天，齐威王早早来到赛场。田忌因为有孙膑做军师，信心十足。比赛开始了，孙膑先以下等马对齐威王的上等马，第一局输了。接着第二场，孙膑拿上等马对齐威王的中等马，获胜一局。第三局比赛，孙膑拿中等马对齐威王的下等马，又胜一局。这让齐威王目瞪口呆。比赛是三局两胜，结果自然是田忌赢了。同样的马匹，由于调换出场顺序，就得到了转败为胜的结果。

这个故事讲述了一个道理，在外部环境没有改变的情况下，只要认真思考，就可以依靠奇谋来制胜。

楚汉争霸时，韩信背水一战大破赵军。庆祝胜利时，将领们问韩信："兵法上说，列阵时应该背靠山，阵前可以临水泽，现在您让我们背靠水排阵，竟然取胜了，这是什么策略？"韩信笑着说："这也是兵法上有的，只是你们没注意罢了。兵法上说

'陷之死地而后生，置之亡地而后存'，如果是有退路的地方，士兵早都逃散了，怎么能指望他们拼命呢？"

韩信精通兵法，但不囿于兵法，而是充分领会精神，融会贯通，最终达到出奇制胜的效果。由此说明，看准对方的弱点进行打击，远比正面碰硬的效果要好得多。这就是不按常理出牌、逆向思维的好处。

此外，实施计谋需要足够的耐心和智慧，"智者事易，而不智者事难"，"智用于众人之所不能知，而能用于众人之所不能见"，智者能够明了常人难以察觉的事情，具有战略眼光，从而高瞻远瞩把握全局。战争的胜负很大程度取决于是否能够把握全局，并做深入细致的分析。知己知彼方可百战百胜，本篇强调智谋是一种运筹帷幄的智慧。

道不同，不相为谋

志向不同的人，不能一起谋事。个人的修养与后天有关，也与环境有关。鬼谷子认为：谋划事情时，一定要考察彼此在各方面的异同。否则就会有害于双方。

《谋篇》曰："故同情而相亲者，其俱成者也；同欲而相疏者，其偏害者也。同恶而相亲者，其俱害者也；同恶而相疏者，偏害者也。故相益则亲，相损则疏，其数行也。"这是说无论做什么事，要想数人同谋，必须志同道合，为了共同利益走到一起，才能同心协力，或分享成功的喜悦和欢欣，或分担痛苦、损失。如果不是志同道合，势必会部分受益，部分不受益乃至受损，如此合作，同谋的关系就会被破坏，自然会逐渐疏远。

通常人们愿意与品德高尚的人交往，远离那些品德低劣的人。《世说新语》中，管宁、华歆"割席断交"的故事，告诫我们：真正的友谊，应该建立在共同的思想基础和奋斗目标上，如

果没有内在的精神契合，只有表面上的亲热，这样的朋友是无法真正沟通和相互理解的。

司马迁说："世上学老子的人不屑于儒学，学儒学的人也不屑于老子。道不同，不相为谋。"这是因为思想观念、学术主张不同，所以他们就不相为谋。伯夷、叔齐是殷代孤竹君的两个儿子。武王灭殷，天下宗周，伯夷、叔齐不食周粟，隐居首阳山，终于饿死。这是政治态度不同不相为谋的典型。

"道不同，不相为谋"是择友的重要原则。朋友要志同道合，不然就会南辕北辙，越走越远。真正的朋友不会把友谊挂在嘴上，他们不会相互要求，而是主动为对方做事。日常生活中，更多的是人们为了点小事斤斤计较，只为自己的利益而没有想到对方。

人们的思想观念不同，做事的方式也不同。如果坚持己见，可能带来争执，甚至造成矛盾。有时候，退一步海阔天空，保留自己的想法，尊重他人的意见。所谓"道不同，不相为谋"，应该放弃争执，先了解原因所在，找到解决方法，朋友间的意见也会达成一致。

至情至性，方值得信赖，可以托付大事。《谋篇》曰："貌者，不美又不恶，故至情托焉。"自古以来，人们就很重视对相貌的观察，并与个体品行相关联。人的容貌，特别是神情，会传达一些内心信息。当然，人的相貌取决于先天的遗传因素和环境因素，受社会因素的影响较小，所以韩非子曾批判："形相虽恶而心术善，无害为君子也；形相虽善而心术恶，无害为小人也。"

耳聪目明，广纳谏言

俗话说，三个臭皮匠，顶个诸葛亮。意思是说要发挥集体智慧的力量。作为统帅者，不能做孤家寡人，不能闭目塞听，要集思广益，善于听取意见。对此，鬼谷子告诫我们，居上位者"目贵明，耳贵聪，心贵智"。

一下子就能被人看破的，就不能称之为计谋，因为很难达到设想的效果。因此，《谋篇》曰："计谋之用，公不如私，私不如结，结而无隙者也。"对于计谋来说，公开策划不如密谋，私下密谋不如结成党羽。一项谋略如商量于大庭广众，则各执一词难成定论，又易于走漏消息。不如私下商议，定出策略。要想保证万无一失，最好结成死党，才不会被人钻了空子。

李斯的《谏逐客疏》是一篇政论散文，其中"泰山不让土壤，故能成其大。江海不择细流，故能就其深"，这句话发人深省。人们爱听赞美之词，但太多的赞美容易使人受到蒙蔽，看不到真相。所以，富有智慧的领导者，要耳聪目明，善于听取各方意见和建议。

隋朝本是强盛的王朝，但数十年就灭亡了。唐太宗李世民总结了历史经验，认为隋朝灭亡是因为统治者不懂"水可载舟，亦可覆舟"的道理。于是为避免"偏信则暗"，鼓励大臣上书言事，做到了"兼听则明"。所以，唐朝初年出现了"贞观之治"的局面。大臣魏征敢于直谏，屡次上疏直陈太宗的过错，劝告其居安思危，察纳雅言，择善而从。魏征病死，太宗亲临吊唁，痛哭失声，叹息说："以铜为镜，可以正衣冠；以史为镜，可以知兴替；以人为镜，可以明得失。今魏征已死，吾亡一镜矣。"

无论一个国家，还是一个企业，当需要决断的时候，总要充分发挥团队的能量，集思广益。西谚云：三人智慧胜一人。在任何时候，集体的智慧总是胜于个人的智慧，这是永恒不变的真理。

远交近攻，各个击破

谋略是突破困境的利器，解决困难的良方。古往今来，很多

鬼谷子

重大的历史问题和尖锐矛盾，都在一定谋略作用下才得以解决。然而，谋略的运用之妙全在一心，没有固定形式，要根据情况灵活加以运用。例如，对付强敌采取硬碰的方式，只会两败俱伤。以柔对待，倒能将其制服。有时己方力不从心，就该考虑是否借用他人之力，或者通过合作达到目的。战国时范雎力倡"远交近攻"之策，使秦国兴盛六国灭亡，可以说是这一策略运用得极好。

战国末期，秦昭王想一统六国，但苦无对策。当时，魏国范雎胸怀大志，却没人赏识。后来，范雎辗转来到秦国。当秦国要攻打齐国时，范雎上书求见秦昭王。范雎说："秦伐齐不好，因为中间隔着韩国和魏国，应该实施远交近攻的策略。"后来，范雎得到重用，成了相国。范雎跟齐国结盟，互不侵犯，又跟南方的楚国建立友好关系。魏国受到秦国强大压力，只好求和。秦国没有了后顾之忧，两年内，攻下了二十多座城市。秦国日益强盛起来。

远交近攻的策略是指为了达成各个击破的战略目的，先让远处的敌人安心，全心消灭近处的敌人。这一策略属于制造和利用矛盾，分化瓦解敌方联盟，然后各个击破。实行"远交近攻"之计，有助于集中力量应付眼前的敌人，并且将其置于孤立无援的境地。

范雎对秦国的情况了如指掌，预先有所准备，经过对事实的分析和判断，坚定了秦昭王铲除异己的决心。特别是他提出"远交近攻"的策略打动了秦昭王，使得秦王嬴政继位后，继续用此策略，最终统一全国。

元朝统一中国，也使用了"远交近攻"的策略。成吉思汗统一蒙古后，有了进一步扩张的意图。当时，和蒙古东南相邻的金政权，对蒙古的威胁较大。和蒙古西南相邻的是西夏，更远的则是南宋。于是,成吉思汗胁迫西夏与其议和,解除了西部骚扰;并派人去和南宋通好。金政权连连败退,以致迁都于开封。

此后,成吉思汗率军进攻西夏,迫使夏主投降。成吉思汗死后,窝阔台即大汗位,仍然采取"远交近攻"的战略,他派使者到南宋,联合南宋夹击金国,攻克开封。金哀宗自杀,金政权灭亡。

蒙古清除了扩张道路上的障碍,于是大举进攻南宋。占领南京之后又攻占圭山,大臣陆秀夫背着小皇帝跳海自杀,南宋灭亡。元朝由此完成了统一大业。

巧用计谋,以弱胜强

《鬼谷子》说:"凡谋有道,必得其所因,以求其情。"对个人来说,凡是筹划计谋都要遵循一定的法则,弄清事情的起因,才能把握后果。

在关键时刻扭转时局可以缓解危机。尤其是势力较弱的一方,在兵力财力上无法抗衡时,巧用计谋就能胜过千军万马,无形中削弱对方实力,进而以少胜多、以弱胜强。

谋略的施展和策划,需要对敌我双方有充分的了解。最重要的是要有针对性,了解对方的情况,事情发展的原因,在此基础上按照实力强弱制订方案,才能确保成功。

东汉末年,曹操挥师南下,准备统一全国。荆州牧刘表病故,其子刘琮继位,随后投降曹操。刘备退守汉口,自知实力难以抵挡曹操,于是联合孙权共同抗曹,双方在赤壁形成隔江对峙的形势。

曹军战船虽多,但水军较弱,为了防止船只遇风不稳,便把战船连在一起。加紧备战的孙刘联军见此情形,认为有机可乘。于是定下计策,要用火攻打败曹操。通过施展苦肉计,黄盖率领战船前去诈降,实则内装干柴、火药。曹操率军迎降。谁知黄盖战船忽然

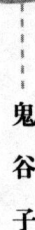

着火，风助火势，如箭一般冲入曹军水寨。寨中船只一齐燃烧，曹营顿时陷入火海，曹操号称80万大军，几乎全军覆没。

"制人者握权，被制者受命"，这是鬼谷子《谋篇》中的重要思想。兵法上主张"先发制人"，也就是要把握主动权。无论是真实的战争还是生活中的争斗，掌握主动权无疑是最重要的。掌握主动权就等于掌握了时局，控制了事态的发展，事情就会顺着希望的方向改变。失去了主动权，则会到处受敌，只有落后挨打的份。

当然，处于被动并不意味着没有机会。运用计谋，往往能够起到很大作用，改变不利处境。有主动就有被动，两者相辅相成。就像有阴就有阳，是统一辩证的关系。人们在不同的关系中，不是处于主动，便是处于被动，而且在被动和主动之间不断变化。拥有主动权固然好，但是如果没有被动一方，主动权也就失去了意义。

决篇第十一

　　大千世界，纷繁复杂。人生活于社会之中，难免面对各种事物，或辨明是非，或断明可否，这需要有决断的能力。"决情定疑，万事之基"，只有了解周全、判断准确，才能抓住时机。否则就会当断不断，反受其乱。

　　本篇所讲述的，正是关于决断的问题。决，指决策，决断。鬼谷子认为，是否善于判断情况，是否合理分析事物，是成败的关键所在。善于决断的人能当机立断，不会因为迟疑而失去最佳时机。决断时应"度之往事，验之来事，参之平素"，然后做出决断。果敢决断会带来福报，否则会带来危害。做出决断有五种情况，把握好这五种情况，才能成功。总之，决断前要消除疑问。不要轻易决断，因为决断关乎万事成败和国家安危，必须慎之又慎。

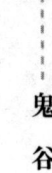

鬼谷子

原文

凡决物①,必托于疑者,善其用福,恶其有患②。善至于诱也③。终无惑偏。有利焉,去其利则不受也④,奇之所托⑤。若有利于善者,隐托于恶,则不受矣,致疏远⑥。故其有使失利者,有使离害⑦者,此事之失。

注释

①决物:决断事情。《左传》:"卜以决疑。"《史记》:"成败在于决断。"这里指决情定疑,果断决策。②善其用福,恶其有患:喜欢对自己有利的事,讨厌遇到祸患灾害。这里是说无论福祸,都应慎重考虑,再决定方法。③善至于诱也:人之常情是趋利避害,所以要循循善诱,以了解真情做出正确决断。陶弘景注:"有疑然后决,故曰必托于疑者。凡人之情,用福则善,有患则恶。福患之理未明,疑之所由生,故曰善其用福,恶其有患。然善于决疑者,必诱得其情,乃能断其可否也。"④去其利则不受也:无利可图则不接受。陶弘景注:"怀疑曰惑,不正曰偏。决者能无惑偏,行者乃有通济,然后福利生焉。若乃去其福利,则疑者不更其决,更使托意于奇也。趋异变常曰奇。谓疑者本其利,善而决者隐其利,善之情,反托之于恶,则不受其决,更致疏远矣。"⑤奇之所托:奇计的依据和凭借。⑥致疏远:导致疏远。这句的意思是决断应该对要求决断者有利,不然就不被接受,最终导致疏远。⑦离害:遭受祸害。离,通罹,遭受之意。陶弘景注:"言上之二者,或去利托于恶,疑者既不更其决,则所行罔能通济,故有失利,罹害之败焉。凡此,皆决事之失也。"

决篇第十一

译文

　　凡做决断，必定是因为犹豫不决，善于决断就会带来福利，不善于决断就会带来祸患。做出决断前要先诱导出对方的实情，行动起来就不会有疑惑和偏颇。为对方决断要对其有利，如果对方不能有利就不会接受，这要借助于奇计的使用。如果决断总体上有利于对方，但暗地里对其有所损害，对方也不会接受，反而会使双方的关系疏远。所以，做出决断而不能使对方获益，甚至使对方遭受祸患，都是决断失误的表现。

正文

　　圣人所以能成其事者有五①：有以阳德②之者，有以阴贼③之者，有以信诚④之者，有以蔽匿⑤之者，有以平素之者。阳励于一言，阴励于二言，平素、枢机以用。四者，微而施之⑥。于是度之往事，验之来事，参之平素，可则决之。公王大人⑦之事也，危而美名者，可则决之；不用费力而易成者，可则决之；用力犯勤苦⑧，然不得已而为之者，可则决之；去患者，可则决之；从福者，可则决之。

注释

　　①成其事者有五：陶弘景注此句曰："圣人善变通，穷物理，凡所决事，期于必成。事成理著者，以阳德决之；情隐言伪者，以阴贼决之。道诚志直者，以信诚决之；奸小祸微者，以蔽匿决之。循常守故者，以平素决之。"②阳德：刚正率直。③阴贼，狠毒残忍。④信诚：诚信，诚恳。⑤蔽匿：隐藏，掩饰。⑥微而施之：将一言、二言、平素、枢机相互参验，必精微而奇妙。陶

弘景注:"励,勉也。阳为君道,故所言必励于一,一无为也。阴为臣道,故所言必励于二,二有为也。君道无为,故以平素为主;臣道有为,故以枢机为用,言一也,二也。平素也,枢机也。四者其所施为,必精微而契妙,然后事行而理不壅矣。"平素枢机,平素即平时,枢机是枢要。四者,指一言、二言、平素、枢机四项。⑦公王大人:天子诸侯,品德高尚之人。⑧犯勤苦:经受辛劳和苦难。

译文

圣人能够成就事业,做出正确的决断,主要有五种方法:事成理明者,用阳德决断之;情隐词伪者,用阴贼决断之;道诚志直者,用信诚决断之;奸小祸微者,用蔽匿决断之;循规蹈矩者,用平素决断之。这五种方法可归结为"阴"和"阳"两种。前者要始终如一、简明扼要,后者要讲究策略,以使对方难辨真假。"阳"的手法和"阴"的手法,加上"平常"使用的手法和"关键"时刻使用的手法,这四者要在不知不觉中使用。推断以往,预知将来,参照当前,就可以做决断了。给王公大人做事情,如果地位高声名好,可以决断就做决断;如果不费力就容易成功,可以决断就做决断;如果费力勤苦,迫于形势不得不为,可以决断就做决断;能够消除祸患的,可以决断就做决断;能够祈求幸福的,可以决断就做决断。

原文

故夫决情定疑,万事之基①,以正乱治②,决成败,难为者。故先王乃用蓍龟③者,以自决④也。

注释

①决情定疑，万事之基：判断是非，解决疑难，是事物发展的关键。②正乱治：纠正乱世达到治理的目的。陶弘景注："治乱以之正，成败以之决，失之毫厘，差之千里。枢机之发，荣辱之主，故曰难为。"③蓍龟：占卜的意思。蓍，一种多年生草本植物，又叫筮竹。④自决：自己做出决断。陶弘景注："夫以先王之圣智无所不通，犹用蓍龟以自决，况自斯以下，而可以专己自信，不博谋于通识者哉！"

译文

所以，善于决情定疑，是做事情的关键。决断关系到纠正国家的治乱，决定国家的成败，是很难做到的事。所以，古代先王自己用蓍草和龟甲，决定一些难断之事。

鬼谷子事典

敢于决断，走向成功

《决篇》是鬼谷子谋略的重要内容。所谓决，是指决断，即通过对古今事物的分析，做出合理判断，以解决疑惑。可以说，"决"是成事的根基。"度之往事，验之来事，参之平素，可则决之。"这句话的意思：解决实际问题，如果不能准确做出决断，可以参照现今的形势条件和历史经验，来验证将来，如果能够实施就迅速做出决断。

对个人来说，犹豫不决、优柔寡断是一个大敌。因为很多美好的想法都会在犹疑中湮灭。要知道，决断能控制行动，只要敢于决断，才能不断走向成功。因此，鬼谷子所说的"决断"是谋

事者必备的一种品质。

决断贵在于心。荀子说:"心者,形之君也,而神明之主也。"这是说"心"是身体的主宰,决定人的情绪和意志。内心涌动热情的火焰,就会积极思考,缜密谋划,不懈追求,做事也易于成功。古人说:"哀莫大于心死。"又说,"兵强于心而不强于力。"这些都说明了内心力量的强大。

决断是成就事业的第一步,也是关键的一步。决断失误,是最大的失误。尤其是重大决断,一旦失误便会带来不可估量的损失,甚至是灭顶之灾。"谋"是在遇到事情时多方权衡利弊;"断"是根据实际情况和权衡利弊后做出最终决定。谋与断是一个有机整体,二者相辅相成,缺一不可。

世事如棋局,当只有一条路时,就别无选择走下去;当处于十字路口或者三岔路口,就要选择最合适的路。如何选择,关系到今后的人生,这是生存的考验。鬼谷子告诫我们,解决这类问题的方法是:"凡决物,必托于疑者,善其用福,恶其有患,善至于诱也,终无惑偏。"

现代企业的经营,需要应对繁多的信息和各种复杂的局面,领导者要经常做出决断。决策正确,就会获得良好效益,蓬勃发展;决断失误,就可能带来损失,前景一片黯淡。所以在决断前,不可不三思而后行。

遇事果断,避免祸乱

俗话说:当断不断,反受其乱。意思是说,遇到事情时应该果断的时候就要果断,不能瞻前顾后、犹豫不决,否则就会因此受到祸乱。这是鬼谷子《决篇》的重要思想。鸿门宴的故事很好诠释了这一点。

决篇第十一

秦朝末年天下大乱,各地势力纷纷起义。刘邦和项羽是其中实力较大的两支队伍。当时,刘邦兵力不如项羽,但是攻破了咸阳。项羽听后大怒,派当阳君击关。项羽进入咸阳后,到达戏西,而刘邦则在霸上驻军。刘邦左司马曹无伤派人对项羽说:"刘邦打算在关中称王。"项羽听后更加愤怒,下令让士兵饱餐一顿,准备攻打刘邦。眼看一场恶战在即。

刘邦得知后大吃一惊,想方设法说服了项羽阵营中的项伯,并约为亲家。项伯答应在项羽面前说情,并让刘邦次日到鸿门赴宴,前去答谢项羽。鸿门宴上虽不乏美酒佳肴,却暗藏杀机。项羽的亚父范增,一直主张杀掉刘邦,所以在酒宴上,一再示意项羽发令,可是项羽却犹豫未决,默然不应。

于是范增让项庄舞剑助兴,寻机击杀刘邦。项伯为了保护刘邦,也拔剑起舞,护住了刘邦。危急关头,樊哙带剑拥盾闯进来,怒视项羽。项羽见此人勇猛不凡,就问来者为何人。当得知是刘邦的参乘时,即命赐酒,樊哙立饮而下。项羽又让人赐肉,樊哙吃了肉,又喝了酒,说:"臣死且不避,一杯酒哪里值得推辞呢?"并乘机为刘邦说了许多好话,说得项羽无言以对。

张良感到情况不妙,示意刘邦,趁上厕所的机会一走了之。之后,张良为刘邦推脱说:"刘邦不胜饮酒,无法前来道别,现向大王献上白璧一双,并向大将军献上玉斗一双。"不知深浅的项羽收下了白璧,范增则气得拔出剑,将玉斗砸得粉碎。这是鸿门宴的故事。

鸿门宴上,项羽优柔寡断放走了刘邦,最终兵败乌江,自刎身亡。这个故事告诫我们:作为君主或领导者,遇到事情时要当断则断,不能优柔寡断,否则后果不堪设想,反受其乱。

胆大心细，抓住机会

犹豫不决是成功的大忌。要想决策英明，就要胆大心细抓住机会。鬼谷子在《决篇》中说："于是度之往事，验之来事，参之平素，可则决之。"诚然如此，能够把握时机，做出决断是一种人格素养。勇敢果断会让人觉得可靠，优柔寡断则容易丧失信任。机不可失，时不再来。把握机会时要思维敏捷，手法迅疾，这是果断决策的能力。在军事上更是如此，当进则进，当退则退，容不得半点犹豫。

世上的事，令人迷惑难解的甚多，而决断的目的正是解除疑惑。人们总是喜欢有利的事物，厌恶有害的事物。所以决断需要反复诱导，得其真情，然后做出决断。鬼谷子云："凡决物必托于疑者。善用其福，恶其有患；善至于诱也，终无惑偏。有利焉，去其利，则不受也，奇之所托。"意思是说要根据事物的变化来制定出相应策略。

尽管有时候，做出决断是痛苦的，但该果断时就要果断，这是决策时应该遵守的原则。鬼谷子强调"决"的重要性，他认为"决"是"万事之本"，治乱、成败、祸福等都与此有关。决断正确就会成功，决断错误就会失败。决断要及时，如果当断不断，就会反受其乱。

三国时，魏国大将曹爽率领军队攻打蜀国，穿过骆谷来到兴势山前，发现蜀将已占据有利地形，如不迅速撤回就可能会全军覆没。于是，曹爽果断下令撤退。魏军撤退途中，发现蜀军正在堵截曹军后路。曹爽率军从小路躲过堵截，才安全撤回。

临危不惧需要勇气，作为三军统帅，光有勇气是不够的，还要有统筹全局的能力。在危急时能够果断决策，方显英雄本色；

在变化莫测的形势下，能够稳定人心、激发斗志，同样是善于决断的一种表现。

古今时势不同，应该具体情况具体对待，不能照搬先贤之法。东汉荀悦认为，决定胜负的因素有三点：一是形，二是势，三是情。所谓形，指得与失的大体趋向；所谓势，指面临情况时灵活应付和对进退随机应变的形势；所谓情，指精神状态，意志或坚定，或懈怠。所以，对待事物要看到它的变化，随时根据事物的变化来调整策略。当然，面对新事物的时候，我们不能事先都考虑周全，而应随着事物的变化而变化，这是制定策略的关键所在。

无论圣人贤哲，或愚夫愚妇，无不有疑惑难解之事。有了疑问就应该有所决断。决断之法，本篇论述颇为精当。武王伐纣，卜筮以定犹疑，占曰："大凶。"姜太公推翻龟壳兽骨说："枯骨死草，何能知吉凶乎？"由此发兵伐纣，一举成功。可见，决疑需要勇气，需要智慧，头脑清醒才能准确判断形势。

眼光独到，战略高远

一般来说，社会组织或团体，都会制定相应的发展规划，这是战略性问题。鬼谷子在《决篇》中列举了"阳德、阴贼、信诚、敝匿、平素"五种具有前瞻性的战略发展步骤。制定决策、实施行动，都要服务于这个整体战略。因此，要用战略的眼光看待问题，用战略的思想考虑问题，用战略的目的指导实践。历史证明，决策时能否着眼于整体利益是获得成功与否的关键所在。

汉高祖刘邦平定天下后，对于在何地建都一度犹豫不决。大臣们多倾向于建都洛阳。齐人娄敬路过洛阳，觐见刘邦。娄敬问："陛下建都洛阳，莫非要跟周朝比兴盛吗？"刘邦说："是

鬼谷子

的。"娄敬说："周朝建都洛阳，是靠德政感召人民，而放弃了险要地形。周朝鼎盛时，四方归附万民臣服，衰败后就不能控制天下，不是恩德太少，而是形势太弱。"刘邦听了连连点头，娄敬又说："陛下起兵以来，连年征战横尸遍野，比不上西周兴盛时的恩德，而秦地有高山被覆，黄河环绕，四面边塞可作坚固的防线，即使危机出现，尚有百万雄兵可备一战。借着秦国的底子，再加上肥沃的土地，可以说是形势险要、物产丰饶。如果陛下入关建都，控制秦国原有的地区，就是掐住了天下的咽喉。"听了娄敬的话，汉高祖觉得很有道理。后来，张良等人也阐明了入关建都的利处，打消了高祖的疑虑。建都关中后，高祖感慨："最早主张建都在秦地的是娄敬啊。"于是赐娄敬改姓刘，给他加官晋爵。

那些主张建都洛阳的大臣，缺乏战略眼光，为了一己私利，将国家安危和兴衰放在一边。而娄敬从高处出发，提出定都关中，不仅远见卓识，而且直言敢谏，这才是"建万世之安"的国之大计。

现代社会具有眼光的领导者在决策时，无不注重考虑整体战略。站得高，看得远。世事本就如此，要想成功就要更上层楼，拥有独到的眼光才能俯视众生。

明暗结合，阴阳互通

决策时要明暗结合，阴阳互通。这样，采用的方法就会随之变化多端。决策高明的人深谙其理，在实际运用中善于变通，根据实际情况，灵活运用原则做出正确判断，同时考虑利害关系、接受能力、感情因素等各因素，因人而断因事而断，因目标而断，从而做出正确决断。

决篇第十一

以统军打仗为例，遇到的对手不同，周边环境也不断变化，所以要根据对象改变战术和策略。当然，变化要建立在对人情、形势的深透了解基础之上。唐代李靖就善于用兵，长于奇正之变。

李靖少年时胸怀大志，苦读兵书。但前半生并不顺遂，李渊在太原起兵时，李靖曾向隋朝告变，李渊对此铭记在心。后来李靖投唐，李渊要杀他，李世民惜才，保住了他。此后，李靖一直没有施展的机会，直到统一战争最后，他带兵征萧铣初露峥嵘；唐朝建立后，他深入大漠剿灭东突厥主力，为唐朝除去心腹大患；花甲之年，再披战袍，征战高原大非川，灭掉吐谷浑，打通河西走廊，功名卓著。李靖用兵，一是通，二是奇。所谓通，就是敌变我变，充分了解人情、环境、形势，不断调整策略；所谓奇，是奇正互倚，在常规的基础上，运用计谋出奇制胜。

李靖强调，奇正要互用。要先用正兵，后用奇兵。正奇的理解有多种：车步兵为正，骑兵为奇；先头部队为正，后援伏兵为奇，等等。在打败突厥的战争中，李靖的奇兵思想体现最充分。

突厥是唐初的劲敌。李渊起兵时曾向突厥称臣。唐太宗也受过突厥不少气，只是实力悬殊，隐忍不发。贞观四年，唐太宗觉得时机成熟，向突厥进攻，军队统由李靖节制。打突厥不同于讨东南，突厥全是骑兵，进攻凶猛，转移迅速，加上大漠战线长，气候恶劣，补给困难。但敌人也有弱点，就是孤军作战又缺乏防备。于是李靖决定以快打快。他挑选三千精骑，疾驰二百多里，直逼敌人巢穴定襄，出现在城南山岭上。

突厥颉利可汗没想到唐军行动会这么快，李靖的奇谋不在攻地而在攻心，让突厥从内心感到震惊和恐惧。还未接战，就有突厥兵投降，后来颉利可汗不战而逃。在大非川之战中，李靖也是

以奇制胜奇兵，就是在敌人预料不到的时候突然出现。有时，奇兵靠的是速度，有时靠的是意志、耐力。运用奇正之变原则要建立在通晓人情、形势的各种变化的基础上，对局势要做出准确的判断。

很多时候，对敌人的心理要准确把握，对己方的真实意图也要参透。伟大的事业往往玄关重重，有时不能说破，要不断认真体察才能把握全局。李靖能够把握时机，做出切合实际的决断，是因为注意观察事物的内外条件，注重实际和环境的结合。他的智慧善谋，奇诡用兵的确让人景仰。

符言第十二

本篇讲述为君之道，阐释君主保持君位、驾驭群臣和治理天下的要领。共分九小节，即主位、主明、主德、主赏、主问、主因、主周、主恭、主名。宗旨是君主须宽刑简政，正静不争，暗中注意权谋机变，以待天下之变。文中要求君主倾听下情，做到赏罚必信，有一定的积极意义。

符是符契、符节，指言辞与事实像符契一样吻合。以"符言"为名，实际上是说篇中所言犹如符节，至关重要。陶弘景注："发言必验，有若符契，故曰符言。"本篇的语言风格与前十一篇有所不同。从谋略文化的角度看，对纵横家的谋略思想做出了贡献，值得重视。

原文

安徐正静①，其被节无不肉②。善与而不静，虚心平意③以待倾④损。右主位⑤。

注释

①安徐正静：安详从容，思虑精诚，心气沉静。②被节无不肉：施加节度，无不柔和通顺。被，施加。意思是说人君居位必须平徐正静，先以柔顺处世，后发制人。③善与而不静，虚心平意：善于结交而不争，内心虚静意念平和。静，争。④以待倾：以备倾覆。陶弘景注："言人君善与事接，而不安静者，但虚心平意以待之，倾损之期必至矣。"⑤右主位：善守其位。

译文

作为君主，要做到安详从容、心气沉静，就像骨节必须有肉附着于其上一样，才能活动，发挥作用。要善于给予，与臣民相处谦虚谨慎、心平气和，以防天下大乱。以上所说指君主要善于保住君位。

原文

目贵明，耳贵聪，心贵智①。以天下之目视者，则无不见；以天下之耳听者，则无不闻；以天下之心思虑者，则无不知。辐凑并进，则明不可塞②。右主明③。

注释

①目贵明，耳贵聪，心贵智：陶弘景注："目明则视无不见，耳聪则听无不闻，心智则思无不通。是三者无壅，则何措而非当

也。"②辐辏并进，则明不可塞：辐辏，指车轮的辐条向车毂集中，比喻目、耳、心一起使用。这里指各种人才聚集一处。陶弘景注："夫圣人不自用其聪明思虑，而任之天下，故明者为之视，聪者为之听，智者为之谋。若云从龙，风从虎，沛然而莫之御，辐凑并进，则亦宜乎！若日月之照临，其可塞哉！故曰明不可塞也。"③主明：指君主有察人之明。

译文

眼睛贵在洞明世事，耳朵贵在敏锐警觉，心灵贵在充满智慧。君主如果用天下人的眼光去看，就没有什么看不清；如果用天下人的耳朵去听，就没有什么听不到；如果用天下人的心去思考，就没有什么不能知晓。君主做到以上这些，就像辐条集中于车毂共同进退，可以使自己不被蒙蔽。以上指君主要圣明。

原文

德之术曰：勿坚而拒之①。许之则防守②，拒之则闭塞。高山仰之可极，深渊度之可测，神明之位德术正静，其莫之极③。右主德④。

注释

①"德之"句：德，有学者考证为听。勿坚，又作勿妄。陶弘景注："崇德之术，在于恢弘博纳。山不让尘，故能成其高；海不辞流，故能成其深；圣人不拒众，故能成其大。②防守：妨守。这句是说许而容之，拒而逆之，皆不可轻妄失察。否则，或妨害人君职守，或堵塞臣民言路。③"高山"句：山之高、渊之深固然可测，但神明的位术却是正静的，无法测度。神明，指圣人。位术，疑为听术。陶弘景注："高莫过山犹可极，深莫过渊

犹可测，若乃神明之位，德术正静，迎之不见其前，随之不见其后，其可测量乎哉。"④主德：主要虚心纳谏。

译文

君主崇尚德行的方法是，不随意拒绝，也不随意许诺。随意许诺会妨害君主的职守，随意拒绝就会堵塞天下言路。向上可以仰望高山，向下可以测量深渊。圣明的君主手段高明，臻于极点，谁也无法捉摸。以上所说指君主要崇尚德行。

原文

用赏贵信，用刑贵正。赏赐贵信，必验耳目之所闻见，其所不闻见者，莫不暗化矣①。诚畅于天下神明，而况奸者干②君。右主赏③。

注释

①"赏赐"句：陶弘景注："赏信则立功之士，致命捐生；刑正则更戮之人，没齿无怨。言施恩行赏，耳目所闻见，则能验察不谬，动必当功，如此则信在言前，虽不闻见者，莫不暗化也。"暗化，潜移默化。②干：冒犯。陶弘景注："言每赏必信，则至诚畅于天下。神明保之，如赤子天禄，不倾如泰山，又况不逞之徒，而欲奋其奸谋，干于君位者哉！此犹腐肉之齿，利剑锋接，必无事矣。"③主赏：主要讲罚赏必信。

译文

奖赏臣子必须要讲诚信，惩罚臣子必须更公正。奖赏和惩罚做到诚信和公正，要使身边的臣民能够亲眼听到、看到，即使看不到和听不到的，也会幡然改悟。如果君主诚信的美名能畅达于天,神明也会保佑,若有奸恶之徒想干涉君位,也会望而却步,以上所说指君主施行赏罚。

原文

一曰天之,二曰地之,三曰人之①,四方上下,左右前后,荧惑②之处安在?右主问③。

注释

①天之、地之、人之:指三才之道,幽邃深远,必问于贤者方可行之。陶弘景注:"天有逆顺之纪,地有孤虚之位,人有通塞之分。有天下者,宜皆知之。"②荧惑:迷惑。③主问:多方咨询。

译文

君主要把握天、地、人三才之道,以及天地上下,东南西北四方,左右前后的情况,要向圣贤之人多加询问,就会没有迷惑不解的地方。以上所讲指君主要善于发问。

原文

心为九窍①之治,君为五官②之长。为善者,君与之赏;为非者,君与之罚。君因其所以求,因与之,则不劳③。圣人用之,故能赏之。因之循理,固能久长。右主因④。

注释

①九窍:指人体口、耳、眼、鼻、尿道、肛门九个孔道。②五官:即司徒、司马、司空、司土、司寇。古代五种重要官职。③"君因"句:顺其所求,就不会辛劳。陶弘景注:"与者应彼

所求，求者得应而悦，应求则取施不妄，得应则行之无怠。循性而动，何劳之有？"④右主因：主于因者，贵在遵规循理。

译文

心灵是九窍的统帅，君主是百官的首长。做好事的，君主要给予赏赐；做坏事的，君主就会施加惩罚。君主要根据臣民的是非善恶，或赏或罚，臣子就会效忠君王，君王也不用过度辛劳了。圣人通过这样的方法，把赏赐用在恰当的地方。遵循事物之间的规律，才能使国家长治久安。以上是说要遵循规律。

原文

人主不可不周①，人主不周，则群臣生乱。家于其无常也，内外不通，安知所开。开闭不善，不见原②也。右主周③。

注释

①周：周密、细致。指君主应遍知人情事理，而且处事谨慎。②原：源头。③主周：贵在通晓事理。

译文

君主考虑事情不能不周密。如果考虑不周密，大臣就会制造动乱。国家陷入混乱，君主和外界闭塞不通，怎么能弄清治理国家的方略呢？君主不善于用捭阖之道，就不能看清事情的根源。以上是说君主要行事周密。

原文

一曰长目①，二曰飞耳②，三曰树明③。明知千里之外，隐微之中，是谓洞天下奸，莫不暗变更。右主恭④。

注释

①长目:能看到远处事物,如千里眼。②飞耳:能听到远处声音,如顺风耳。③树明:明察事物。陶弘景注:"用天下之目视,故曰长目。用天下之耳听,故曰飞耳。用天下之心虑,故曰树明。"④主恭:主要讲洞察奸邪。

译文

君主不仅要有千里眼,还要有顺风耳,并要具备洞察一切的能力。弄清千里之外的事物,了解隐蔽微小的事情,辨明天下奸邪,使其不得不暗自改变。以上是说君主要树立威严,才能使臣子恭顺。

原文

循名而为,实安而完。名实相生,反相为情①。故曰:名当则生于实,实生于理,理生于名实之德,德生于和,和生于当②。右主名③。

注释

①名实相生,反相为情:指名实相符则会政治清明,名实不符则会政治混乱。陶弘景注:"循名而为实,因实而生名,名实不亏,则情在其中。"②德生于和,和生于当:有德必和,有和必当。德,相得。《老子》:"万物莫不尊道而贵德。"当,适当,恰当。③主名:名实相符。

译文

按照事物名称去探知事物,就会获得实情。名实相符,就能

合于情理。所以说,名称恰当是因为符合实情,而实情又源于万物之理,道理产生于追求名实相符的美德,这种美德产生于平和心态,平和心态产生于处事恰当。以上是说君主要做到名实相符。

鬼谷子事典

明察一切,不被蒙蔽

作为领导者要善于视、听、思。《符言》曰:"以天下之目视者,则无不见;以天下之耳听者,则无不闻;以天下之心思虑者,则无不知;辐辏并进,则明不可塞。"用天下人的目、耳、心去看,去听,去思考,才能明察一切,不被蒙蔽。

汉武帝去世时,汉昭帝不过八岁。武帝把他托付给霍光和丞相田千秋、左将军上官桀、御史大夫桑弘羊、车骑将军金日䃅等大臣。其中,霍光是大司马、大将军,掌握朝廷大权,威望日高。他为人耿直,做事不讲情面,得罪了上官桀、桑弘羊等人。当时燕王刘旦想做皇帝,也对霍光不满,就联络宗室刘长、刘泽及大臣上官桀、桑弘羊,想设计除掉霍光。

于是,上官桀伪造了一封刘旦的书信,派人冒充刘旦的使者,把信送到汉昭帝手里。信上写道:"大将军霍光检阅羽林军,擅摆皇上专用的仪仗,吃皇上享用的饭菜,不守法度,耀武扬威。不经皇上批准,擅往大将军府增调武官,简直是独断专行,没把皇上放在眼里!我担心他有阴谋,对皇上不利。我愿辞去王位,到官里保卫皇上,提防奸臣作乱。"上官桀、桑弘羊等人做好准备,只等汉昭帝一声令下,就把霍光逮起来。谁知汉昭帝却没有动静。

第二天清早,霍光上朝,听说了这件事,就在偏殿中等候发落。汉昭帝不见霍光,问:"大将军在哪儿?"上官桀答:"大将军因为被汉王告发,不敢进来。"霍光进去,摘掉帽子磕头请罪。汉昭帝说:"大将军只管戴上帽子。我知道那封信是假的,你没有罪。"霍光又高兴又纳闷,问:"皇上怎么知道的?"汉昭帝说:"大将军检阅羽林军是最近的事,增调校尉也不过十天,汉王远在北方,怎能这么快就知道?再说,将军如果要作乱,也不必依靠校尉。"

后来,上官桀等人又在汉昭帝面前说霍光的坏话,汉昭帝大怒,说:"大将军是位忠臣,先帝嘱咐他辅佐我,谁敢再诬蔑大将军,我就办谁的罪!"上官桀他们看这办法行不通,就商量着让盖长公主出面请霍光喝酒,准备埋伏士兵把霍光杀死,然后废掉汉昭帝,立燕王刘旦为帝。阴谋还没来得及施行,就被汉昭帝和霍光发觉了。上官桀一伙被杀,燕王刘旦也因此自杀。

俗话说:"用人不疑,疑人不用。"不听他人谗言和诽谤之辞,是消除猜疑的重要表现。汉昭帝能够利用情报,精于分析,冷静思考,明辨是非,使陷害霍光的阴谋最终没有得逞。

安详从容,公正沉稳

四季轮回,万物消长。事物的发生、发展是有规律的,要想做好事情,就要遵循客观规律。"君因其所以求,因与之,则不劳。"作为君主,要做到安详从容、公正沉稳,既会怀柔又能节制,才可以面对天下纷争,保守君位,以防颠覆。这就是鬼谷子在本篇所说:"安徐正静,其被节无不肉。善与而不静,虚心平意,以待倾损。"

光武帝刘秀在位时,鉴于连年战乱,于是采取了轻徭薄税、兴修水利、惩治贪腐、精兵简政等一系列措施,使社会经济得到

了恢复，缓和了西汉末年的社会危机。尤其在对西域的政策上得到了体现。

汉武帝时，曾几次大举征讨西域，虽压制了匈奴，但劳民伤财，引发了很多矛盾，得不偿失。因此，光武帝改变了征讨西域的政策，不再过问西域之事。甚至关闭了玉门关，拒绝西域各国使节进入。

建武二十一年，西域鄯善、东师等国派使臣到洛阳朝见，并遣子入汉做人质，希望附属汉朝。群臣认为，西域各国自前汉就已归附中原，因王莽篡位时国内大乱，使匈奴乘隙以武力征服各国，今汉室中兴，各国愿意归附，理应答应他们的请求。但光武帝认为，国内初定，民贫国弱，如答应各国请求，与匈奴的大战将不可避免，势必付出巨大代价。因此，光武帝拒绝各国附属的请求，好言抚慰，归还礼物和人质，送上厚礼，派人护送他们出玉门关。

建武二十七年，功臣朗陵侯臧宫、扬虚侯马武上书说，请乘匈奴分裂之际发兵击灭之，以立"万世刻石之功"。光武帝说："常胜之家，难以虑敌，吾方思之。"众将又请出征匈奴，光武帝下诏："今国无善政，灾变不息，人不自保，而复欲远事边外乎！……不如息民。"

由于实行了与民休养的措施，阶级矛盾逐渐缓和，社会经济迅速得到恢复并发展，民众安居乐业，全国呈现出了新气象，这就是"光武中兴"的初期局面。

后来，北匈奴见汉朝日渐强大，怕威胁到自己，就主动遣使通好，进贡马匹、皮衣，乞求和亲并请求传授汉朝音乐，还要率西域各国使节进贡朝见。光武帝依据安抚笼络的原则，采纳班彪的建议。这样，汉朝边境安定，百姓得以休养，国力得以恢复。

符言第十二

说到做到,得饶人处且饶人

《符言》篇讲述了九条立身行事的原则,即主位、主明、主德、主赏、主问、主因、主周、主恭、主名。大旨是君主须宽刑简政,正静不争,暗中注意权谋机变,广罗党羽耳目,以待天下之变。其中要求君主讲究诚信是重要一条。所谓诚信,就是说到做到。假如实际行动与言辞不一致,则难以获得他人的信任。

这其实是"循名而为实"的谋略思想,如何正确把握名分呢?鬼谷子告诫我们,"循名而为实,安而完。名实相生,反相为情。故曰名当则生于实,实生于理,理生于名实之德。"

只有提高修养,保持正直从容,才能善结人缘。在事情的发展中,人缘好坏可能是成败的重要因素。建立良好的人际关系,事业上就会获得更多帮助,进一步走向成功。

如何建立人际关系呢?要多和人接触,善结人缘,以谦虚的态度与人交往。

身为君主,应当虚心静意,行德不争,广结盟友。做到了内心虚静,就能以静制动,选贤任能。明主当位,则如日月照临,光耀天下。《符言》是鬼谷子智慧的体现,也是君王治理天下的重要谋略。其中重要的方法是得饶人处且饶人。俗话说:人非圣贤,孰能无过?过而改之,善莫大焉。纵观古今,优秀的政治家,都是因为大度能容,才使天下归心,身边聚集了一批文武人才,从而成就了千秋霸业。世上没有十全十美的人,能谅解对方的错误,以宽广的胸怀待人,必能赢取人心。

选贤任能,唯才是用

人们常说"知识就是财富"。在所有的资源中,人力资源是最宝贵的一种资源。但人力资源的整合,需要花费很多精力。如

何进行人事安排呢?鬼谷子认为:"君因其所以求,因与之,则不劳。圣人用之,故能赏之。"

春秋时,伯乐相马的故事值得借鉴。自古以来,就有许多拥有真才实学的人,难以得到赏识和重用。这些人像千里马一样,需要被发现和举荐,不然就会"祇辱于奴隶人之手,骈死于槽枥之间"。作为举荐他人的伯乐,说话做事凭良心,实事求是。有才的人被任用,不仅是一人之幸,更是国家之幸。相反,如果用人不当,则是国家的不幸。君王任用人才唯有善始善终,国家民众才能深受其益。

比如,春秋五霸之一的齐桓公不计前嫌,任用了曾经辅佐过公子纠的管仲为相,并尊之为"仲父"。受到重用的管仲,帮助齐桓公在政治、经济、军事上进行了一系列改革,因地制宜,发展农商,使齐国逐渐富强起来,为称霸诸侯奠定了基础。管仲认为,君主要创建霸业,首先要能识贤、用贤,防止小人的蛊惑。

不善授权,终将累及自我。作为统治者,不仅要能识人辨人,更要能够知人善用,因才授职。如果不能合理安排,而是事事亲临,难免会穷于应付。诸葛亮"鞠躬尽瘁,死而后已",受到后人敬仰,但他"事必躬亲"的方法,也遭到批评。"事无巨细,必躬亲之",什么事都亲自处理,忙得没日没夜,司马懿听说后,断言:"亮将死矣。"不久,诸葛亮病死在五丈原。

选贤任能适当授权,以众智为己智,以众力为己力,才是真正的智慧。既不用事必躬亲,又不脱离民众。汉高祖刘邦总结经验:"夫运筹帷幄之中,决胜千里之外,吾不如子房;镇国家,抚百姓,给饷馈,不绝粮道,吾不如萧何;连百万之军,战必胜,攻必取,吾不如韩信。此三者,皆人杰也,吾能用之,此吾所以取天下也。"刘邦可以说是驾驭臣下的典范。善于任用刚健能为的大臣,辅助自己君临天下,正是其明智之处。

对于人才的运用,做到委以重任的同时,又要适当加以控制。从传统文化来看,个人如果拥有了权力,假如道德修为较差,制度上又缺乏监督和管理,那就使国家很快堕落,这是值得注意和警惕的。

顺应民心,得道多助

"得民心者得天下,失民心者失天下。"作为身居高层的统治者,只有深入了解民生疾苦,才能管理好国家,获得广泛支持。鬼谷子在本篇说:"一曰天之,二曰地之,三曰人之,四方上下、左右前后,荧惑之处安在?"君主要把握天、地、人三才之道,以及四方上下、左右前后的情况,多向圣贤询问,遇到事情就不会被迷惑。以上所讲指君主要广泛吸取意见,关心民生疾苦。治理国家在于民心,能够顺应民心,得到民众扶持,就能维持稳定,这也是本篇的重要观点。

孟子说:"民为贵,君为轻,社稷次之。"由此可见,民众的力量不可忽视。秦始皇吞并六国一统海内,建立了强大的帝国。但他推行严刑峻法,大兴徭役,很快失去了人心。秦二世胡亥更是昏庸暴虐,不仅杀死了兄长扶苏,还采用赵高的建议,以"莫须用"的罪名处死了大批功臣。受到牵连而被杀的人不计其数,全国处于极端恐怖氛围。朝廷混乱,官员营私,百姓更是水深火热。仅仅三年,秦王朝便被风起云涌的农民起义所推翻。

司马迁评价秦朝灭亡的历史,说:"群臣人人自危,欲畔者众。"如果统治者不施仁义,只用强权压制臣民,造成人人自危的局面,就会引发民众的铤而走险。可见,凭借手中的权力和地位仅能嚣张一时,结局往往不会很光彩。

鬼谷子

"水能载舟，亦能覆舟"，唐太宗把人民与统治者的关系比作水与舟的关系。纵观古今，每个王朝的建立和颠覆，都验证了人民群众在历史潮流中所发挥的巨大作用。

取信于民，赏罚分明

对于统治者来说，只有做到取信于民，赏罚分明，才能维持良好的社会风气。"用赏贵信，用刑贵正。赏赐贵信，必验耳目之所闻见；其所不闻见者，莫不暗化矣。"鬼谷子认为，赏与罚关键在于"信"与"正"。有功不赏，人民就会消极处事，不思进取；有过不罚，人民就会放纵行为，任意懒散。

商鞅将要推出新的法令，担心民众不信服，于是在城墙南门放了一根木头，声称若是有人把它搬到北门去就赏十金。一开始，大家都不相信，没人去动手。商鞅便将赏金增加到五十金。就有人将木头扛到了北门，结果获得重赏。由此得到了人们的信任。于是，商鞅下令颁布法令。

新的法令颁布了一年，秦国百姓前往国都控诉新法不便的数以千计。这时，太子也触犯了法律，商鞅说："新法不能顺利施行，是因为上层人士带头违犯。"太子是国君的继承人，不能施以刑罚，便对太子的老师公子虔处刑，在另一个老师公孙贾脸上刺字，以示惩戒。百姓听说此事，都遵从了法令。新法施行十年，秦国逐步走向富强，人们勇于为国作战，不敢再行私斗，社会风气焕然一新。商鞅变法为秦始皇"扫六合、四海一"奠定了坚实的基础。

俗话说，没有规矩不成方圆，只有赏罚分明才能公平公正。规矩是一种约束，也是一种保障。刑罚的制定要勇于创新，与时俱进，太严格就会不利实施，太松懈则会遭到忽视。

有时候，赏不仅是论功行赏。特殊情况下，为了鼓舞士气，即使无功也要行赏。罚的原则是有过必罚。通过道德感化、说服教育解决不了的，就要给予惩罚，做到惩教结合，双管齐下，才能取得预期效果。因此，统治者管理国家，不要一味用柔。法律无情，不管是谁，只要犯了法，就没必要讲情面。

现实生活中，经常有一些"以权凌法"的人。他们认为自己有了点权力和地位，就凌驾于法律之上，恣意妄为。这些人不受到惩处，社会风气很难改变。所以，赏罚的原则是：有功就赏，有罪就罚；执法严明，宽严相济。